从需求到供给侧改革

带你读懂经济新常态

盘和林◎著

中国社会出版社
国家一级出版社·全国百佳图书出版单位

图书在版编目（CIP）数据

从需求到供给侧改革：带你读懂经济新常态／盘和林著.
—北京：中国社会出版社，2016.10

ISBN 978-7-5087-5473-4

Ⅰ.①从…　Ⅱ.①盘…　Ⅲ.①中国经济—经济改革—研究
Ⅳ.①F12

中国版本图书馆 CIP 数据核字（2016）第 246617 号

书　　名：从需求到供给侧改革——带你读懂经济新常态
著　　者：盘和林

出 版 人：浦善新
终 审 人：王　前
责任编辑：杜　康　　　　责任校对：王银霞

出版发行：中国社会出版社　邮政编码：100032
通联方法：北京市西城区二龙路甲 33 号
电　　话：编辑室：（010）58124864
　　　　　邮购部：（010）58124848
　　　　　销售部：（010）58124845
传　　真：（010）58124856
网　　址：www.shcbs.com.cn
　　　　　shcbs.mca.gov.cn
经　　销：各地新华书店

中国社会出版社天猫旗舰店

印刷装订：中国电影出版社印刷厂
开　　本：170mm×240mm　1/16
印　　张：15
字　　数：200 千字
版　　次：2016 年 11 月第 1 版
印　　次：2016 年 11 月第 1 次印刷
定　　价：39.00 元

中国社会出版社微信公众号

自序 zixu

一直以来，我就不认为写文章跟“有才华”有什么关联，无非码字而已。我曾说，写文章与吸烟、打牌没有什么不同，爱好不同罢了，本质上都是消磨时间。但不承想，它们在行为经济学中还真是作为同一类行为来研究的——上瘾行为。

我曾在第一本评论文集《微言论见——盘和林评论文集》的后记中写道：“写稿往往需要挑灯夜战，有时连自己也因为黑白颠倒作息深感影响身体而‘发誓’再写就‘剁手’，虽‘屡教不改’，但家人和爱人心疼之余并无苛责。”在我学习行为经济学中上瘾理论的章节的时候，才意识到，这是一种介乎于“不良的上瘾行为”，已经带来了降低行为人（写稿人）效用水平的后果——“黑白颠倒”，但行为人大多坚持满足自己的嗜好。

行为经济学将“上瘾”的概念引入经济学分析，拓展到了“个人习惯和迷恋”相关方面，借此来预测、评价公共政策的效果以及带给个体是有益或有害的福利，对这些社会问题，凸显了比医学、法律等学科更富有创造性、开放性的思考及解决办法。比如对香烟、酒征收消费税究竟会带来怎样的变化，什么人对价格敏感？提升价格或提供致瘾性物品信息从而减少错误认识的公共政策，对控烟更奏效？以及政府干预致瘾性物品的边界在哪里（比如我的写稿成瘾的“陋习”究竟是否需要戒断）？有时候是我们意想不到的。

这从另一个侧面我们也可以看出，经济学作为一门经世致用之学，正如英国著名经济学家、新古典经济学派创始人马歇尔在其《经济学原理》中描述的，并不只是“研究财富的科学”，同时更是一门“研究人的科学”，它几乎涉及“那些在日常生活事务中生活、活动和思考的人们”及“最强大、最主要影响人类行为的那些动机”。我逐渐养成了对发生在日常生活中的各种事务或行为，进行“经济动机”思考的习惯，因而这两年我的时评文章更多转向了经济评论领域。

深入思考“经济动机”之后，就不由得感叹“市场经济是伟大魔术之一”。比如：北京“异地养老”的善政，为何引发北京老人的顾虑以及全国舆论的谴责？“感动世界的植树老人”的道德背后经济学支点是什么？知识产权民事赔偿原则能否从经济视角来破题？酒店“最低消费”为何会“借尸还魂”？最低稿费制度真的能提高作者收入吗？高速公路节假日免费“堵”在哪里？演员限薪令能管住明星“天价片酬”吗？对于很多问题，我已经习惯于从经济学的角度去寻找答案。

有人会说，我没有“经济学专业素养”；大多数人一说到经济学，脑海里往往被其著作中的大量数学模型所吓倒。其实不然，真正的经济学大家写的《经济学原理》（比如曼昆、马歇尔等）都非常通俗易懂，这已足矣。实际上，供给、需求、价格、比较优势、外部性等经济学概念并不复杂，普通人不需要掌握如何构建相应的经济模型，它们的价值在于为你提供一种新的、有用的思考方式。换言之，并不需要每个人都成为经济学家，只是学会经济学家的思维方式罢了。枯燥的经济学理论，有时候引发不了学习兴趣或一时难以理解，而本书把一些经济学理论、案例和发生在我们身边的新闻结合起来，并以通俗易懂的语言进行阐述，可能会缩短你养成经济学家思维方式所需要的时间。

前不久，我应邀参加《经济日报》一次座谈会，该报一位部门主任说：“在我看来，当下‘普经’（普及经济学常识）比‘普法’（普及法律）更为迫切。”我是高度认可这一观点的。马歇尔在其《经济学原理》

中甚至说：“世界历史的两大构成力量就是宗教和经济”，而且“宗教的动机比经济的动机更为强烈，但是它的直接作用却不像经济动机那样普遍地影响人类生活。”因此，无论是政府官员，还是企业家，或是普通老百姓，我们都要学习一些经济学常识，这样会让我们的生活更美好、事业更顺畅。我想，本书多少能承担一些“普经”的使命。

感慨之余仍不能免俗，总要说些感谢的话。首先，感谢我的家人和爱人对我的期待、容忍和理解。同时，要感谢众多恩师的培养。我天资愚钝，学业基础薄弱，一路走来，受惠于众多师长的恩泽——我的博士生导师中南财经政法大学金明伟教授，汪海粟教授、陈池波教授、胡立君教授、王平教授、任建新教授、黎江虹教授、石军伟教授；我的博士后合作导师中国财政科学研究院（原财政部财政科学研究所）院长刘尚希研究员。

其次，感谢发表这些文章的报刊编辑老师，他们中绝大多数未曾谋面，甚至不知道姓名。他们甘当无名英雄，为我的文章做嫁衣，没有他们妙笔修改，就不会有今天的这本集子，其中很多文章质量更是大打折扣。尤其值得一提的是，《经济日报》编辑杨开新老师通过QQ、电话多方对我进行指导，建议我“写少、写精”，本书收录的文章其中在《经济日报》上刊发的占整整1/3，不少文章在头条或倒头条重要位置发表，奠定了我经济评论的基础。

再次，感谢我的博士同学薛福根，他勤奋博学，发表于《经济日报》的多篇时评文章有他的思想等方面的贡献。尤其是他赠送曼昆的《经济学原理》引发了我学习经济学的浓厚兴趣，甚至可以说，没有他的赠书就不可能有本书的面世。感谢中国社会出版社领导对本书的认可，本书责任编辑杜康老师的认真修改……限于篇幅，不能一一列举，只能在此一并向所有师长们和朋友们谨致真诚的谢意。

需要特别说明的是，为了与本书相关章节的主题更契合，部分文章在收录时作了适度修改，从标题和内容上都与发表时有一定的出入。

最后，坦诚地说，我虽然顶着“应用经济学博士后”的头衔，但仍是非科班出身，经济学素养十分孱弱，加之时评是典型的“急就章”，需要在短短三个小时内完成构思和写作，受个人水平、阅历所限，必定存在诸多错漏与谬误。不当之处，敬请方家指正赐教。

盘和林于广西崇左

2016 年 10 月

目录 mulu

PART 10 企业——“国民经济的细胞”

附录:读书与梦想

PART 1

激励——稀缺性世界的权衡取舍[①]

经济（economy）一词来源于希腊语 oikonomos，意思是“管理一个家庭的人”。严复曾将“经济”一词译为“生计”，这其中确实存在许多巧妙的联系，甚至可以说理解和学习经济学要从生活中的权衡取舍开始。例如人们购买什么、为什么工作、储蓄与投资怎么做？

“生计”背后，是什么决定了人们的行为决策呢？毫无疑问，激励（奖励或惩罚的预期）在人们的行为决策中占据着非常核心的作用。曼昆在《经济学原理》一书中曾经写道：一位经济学家甚至提出，整个经济学的内容可以简单地概括为“人们对激励作出反应，其余内容都是对此的解释”。

这个说法不无道理。当市场上的苹果价格上涨时，消费者决定少吃它；而果农或商贩却因为利益增加决定增加供给。反之，供给增加到一定程度时，价格必然下降，人们会增加消费。这里就包括经济学中最为

---

① “激励”“需求”“供给”“价格”在经济学中实在是太重要了，因此笔者将相关文章分成三个章节，但它们又关联得太紧密，尤其是针对事件的经济评论需要综合分析，很难做到像学术文章那样泾渭分明。这样一来，就导致有些文章的章节边界模糊。但笔者相信，读了三个章节的文章之后，会对这些概念有个基本的认识。

从经济学的角度来看，“激励”通过改变人们的行为，最终落脚点是“需求”和“供给”，而影响“需求”的因素很多，如价格、偏好、预期、替代品等；“供给”的影响因素则为价格、投入品价格、技术、预期等。“价格”不仅仅是影响“需求”和供给的重要因素，而且其他因素的表现形式通常也体现在“价格”上。

核心的“需求”与“供给”，直接受到“激励”的影响。完全可以将“需求”和“供给”“价格”等，视为对“激励”的进一步阐述。

不仅仅是市场运行需要关注“激励”，一项政策的制定和实施，同样不能忘记“激励”，因为政策往往会改变人们面临的成本或利益，改变“激励”后就会使得人们改变自己的行为。如果政策制定者事先未能考虑到他们的政策会产生怎样的直接或间接“激励”的话，通常就会产生意想不到的结果。例如北京的“异地养老”等，北京老人顾虑重重，必然不能实现政策制定者的初衷。

当然，用好了“激励”，同样也会收到意想不到的美好结果。比如“感动世界的植树老人”就是产权“激励”之下结下的一枚善果。

“供给侧改革”的工具很多，但本质上就是围绕优化供给侧的“激励”展开的。

1. 异地养老需遵循“特殊平均主义”

北京市民政局负责人近日表示，鼓励京籍老人异地养老，而天津、河北地区力争于2016年9月底实现异地就医即时结算。据报道，河源巴伐利亚庄园被深圳市总工会授予“深圳市劳模疗休养基地”、被深圳市民政局授予“深圳经济特区异地（河源）创新养老基地”。深圳“养老”等社会功能正一步步地往河源延伸。（《深圳特区报》《北京商报》，2016年6月13日）

随着我国老年化社会到来、流动人口加快等，居家养老、养老院养老已经远不能满足实际需求。而且养老资源存在严重错配，河北、天津等地区兴建的养老院床位大量空置，而在北京城区的一些养老院却需要排队几年甚至几十年才能入住。因此，异地养老已经成为现实选择。北京市社保局鼓励京籍老人异地养老，应该说是非常有益的尝试，可为上海、广州、深圳等地大城市养老服务提供经验借鉴。

但异地养老的消息一经传出，不少网友持反对意见，甚至有人理解成“甩包袱”。有的京籍老人不愿意离开北京，也有京籍老人对到外地养老顾虑重重。笔者认为，完善异地就医保险等医保政策仅仅是第一步，要想异地养老政策具有可行性，必须用好公平与激励，实行养老待遇“特殊平均主义原则”（某些物品应该平等地在全社会范围内分配，但并不是所有资源），努力实现异地养老与本地养老同等待遇，比如：让异地养老者得到更多实惠，在异地养老点提升医疗资源和生活便利化公共服务等。

某些公共服务或产品提供时须实行“特殊平均主义原则”，比如基础教育、养老保障等。换句话说，政府提供最基本的养老服务、承担“养老最后一道防线”责任，是不区别贫富等身份的（当然，富人可以花钱向社会购买更高的养老服务，而一般不由政府提供。），必须实行“特殊平均主义”。有网友认为，北京鼓励异地养老有“甩包袱”之嫌。因而，北京市政府在规划异地养老时，必须遵循“特殊平均主义原则”，在投入方面、保障待遇方面要与本地养老“一视同仁”，而不仅仅在补贴养老机构、方便医保报销等方面浅尝辄止，还要在养老服务水平、质量监管等方面做深做透，让异地养老也能够享受到与北京同等水准的养老服务。

异地养老政策的可行性来源哪里呢？这必然不是政策制定者，而是需要社会尤其是异地养老者及其家属的广泛认同。社会广泛认同的政策要尊重个体主权原则，该原则要求政策制定和实施者从受影响的个体出发，而不是将自己的价值判断强加于他人。同时，“理性经济人”告诉我们，人们会对激励作出行动。因此，要想调动个体的积极性，必须用好公平和激励手段。从公平的角度来看，异地养老者远离北京，付出了远离亲朋好友等代价，而给北京城市发展、养老服务释放了正外部性（有益的）空间，理应得到补偿。显然，仅仅优化医保等本该属于他们的东西是不公平的。同时，他们在河北、天津等地的消耗医疗等公共资源必然低于北京，政府不应该有“赚钱”或“省钱”的想法。因此，在精确测算的前提下，北京市政府可以拿出一笔钱直接补贴给异地养老者，以此来激励异地养老行为。

养老的核心更在于医疗保障，老人们之所以不愿去生活环境更适合居住的二三线城市养老，一个重要的原因是医疗资源严重不均衡。北上广等大型城市拥有中国最好的医疗资源，二三线城市的医疗资源相对显得薄弱，而河北高碑店、天津武清等试点地的医疗恐怕还不如二三线城市。要想让老人和家属放心异地养老，北京市政府还需在医疗、公共服务均等化上做文章。比如：联合试点地的政府提升医疗资源、公共服务，除了拿出财政直接投入医院、公共服务硬件设施以外，还要在软件方面下功夫，如让北京的大医院到当地建分院等。（本文发表于《光明日报》，×年×月×日）

2. “感动世界的植树老人”揭示产权之美

河北井陉县冶里村残疾老哥俩贾海霞、贾文其相携相帮、14 年坚持植树绿化荒滩的先进事迹经媒体陆续报道后，引起强烈反响。省委书记、省人大常委会主任赵克志日前作出批示，要求帮助他们解决实际困难，激励和引导更多群众参与植树造林，齐心协力打好绿化攻坚战。（《河北日报》，2016 年 6 月 8 日）

“你是我的眼，我是你的手”。残疾老人贾海霞、贾文其种树的故事，被国外媒体拍摄成短片，在社交媒体平台上累计播放量达数百万，让无数人感动落泪，被誉为“感动世界”的植树老人。实际上，两位老人的想法简单而朴素，就是“为了增加一些收入”，从经济学的视角，这更揭示了产权制度（承包河滩植树是产权中的使用权、收益权）之美。必须说的是，无论出于何种自私自利的动机，只要不危害他人的权利，甚至为社会带来福利，就丝毫不影响其“感动世界”。笔者认为，如果我们从这份“感动”中得到启示，对公共资源制定一系列产权激励制度，那么也是一份不期而至的巨大收获。

没有分派到户到人、作为村集体经济所有的50亩荒滩，从资源分类来说，属于公共资源。公共资源不具有排他性，但有消费中的竞争性。以50亩荒滩为例，所有权是全体村民，每个村民都可以免费使用（无排他性），但一个人使用就会减少其他人对它的使用（竞争性）。公共资源往往难以产生合意的资源配置结果，通常表现为：搭便车问题及公地悲剧。50多亩荒滩如果没有承包合同，那么有人植树的话，全村人都有权利获得收益，这是搭便车问题。而人人享受植树后的成果则出现“公地悲剧”，最终会将树木砍光，再度成为荒滩。

几乎所有的公共物品和公共资源都产生搭便车和公地悲剧一样的问题：私人决策者不愿意提供或过分地使用。政府解决这类问题往往采取的是管制或者收费，然而，管制或收费只能减轻过度使用的问题，而且会付出较大的行政成本，这并没有解决增加供给的问题。

如何解决公共资源问题，其实在数千年前就给出了答案。古希腊哲学家亚里士多德曾经指出公共资源的问题：“许多人公有的东西总是被关心得最少，因为所有人对自己东西的关心都大于与其他人共同拥有的东西的关心。”换句话来说，就是如何让公共资源成为“自己关心的东西”。公共资源没有有效配置，其核心是产权缺乏。产权制度的魅力在于，通过“利己心”激励人的行为、释放市场无穷力量，促使社会总福利增加。回到50亩荒滩，正是因为两位残疾老人通过与村里的承包合同，从而获得产权意义上的使用权、收益权、处置权等核心权力。十余年如一日的执着付出，荒滩变“绿洲”，就是“私心”在产权制度之美作用下结的一枚“善果”。

产权制度是一项基础性社会制度，怎样才能让产权之美在公共资源的有效配置中更加绚丽地绽放呢？第一，完善、强化法律对产权的规范与保护。对产权的保护主要是排他性保护，没有法律的强制保护，产权变得毫无意义。第二，创新公共资源的现代产权制度，将所有权、占有权、收益权、使用权、处置权分离，以可分割性实现可交易性。第三，将公共资源进行严格的分类、评估，防止公共资产流失、形成寻租等腐败行为。第四，平衡好公益性与经营性的关系。在确保公益性的前提下，切实保障公共资源“谁投资、谁受益”的收益权。比如荒滩植树如何平衡公益性与盈利性呢？一是制定合理砍伐时间，二是未必以砍伐卖木材来保障两位残疾老人的收益权，可以用国家购买绿色生态产品的方式实现收益。（本文发表于《半岛都市报》）

3. 以惩罚性赔偿突破知识产权保护瓶颈

成本高、周期长、举证难、赔偿低是长期以来制约知识产权司法保护的四大瓶颈。浙江省宁波市中级人民法院知识产权审判庭庭长朱代红说，专利侵权往往比较隐蔽，权利人很难通过公开渠道获得公开证据。由于当事人举证能力有限，法院处理赔偿问题时方法单一，以法定赔偿居多，突破难度大。（《法制日报》，2016 年 4 月 27 日）

知识产权是一种特殊形式的产权，目前赔偿是知识产权侵权中承担责任的主要形式，通常采用法定赔偿居多。但赔偿原则和赔偿金额计算方式的不同，所实现的保护知识产权和惩戒侵权的效果大不一样。笔者认为，现行法定赔偿多为补偿性赔偿，不利于知识产权保护，亟须确立惩罚性赔偿原则，大幅度提高赔偿额度，以有效保护知识产权、激励创新的目的。

在民事赔偿的司法实践中有两种赔偿原则：第一种是补偿性赔偿，又称填平性赔偿，即权利人损失多少，侵权人就赔偿多少。其目的主要是补偿侵权人的损失，剥夺侵权人的非法获利；第二种是惩罚性赔偿，又称示范性赔偿或报复性赔偿，这是指由法庭所作出的赔偿数额超出实际损害数额的赔偿，旨在补偿侵权人的损失，更要惩戒、威慑侵权人，从而起到预防侵权的作用。

补偿性赔偿多用于有形损失等容易确定损失的侵权行为上，而知识产权本身具有客体无形性、非竞争性、非消耗性、地域性、易逝性以及市场关联性的特征，权利人的损失往往表现为一种无形损失，难以真实确定实际损失。原因如下：一是实际损失额难以计算或计算成本过高。通常著作权、商标权等知识产权被侵权后，权利人的损失究竟有多大很难估算。因为全国人口这么多，想一一统计出来无法实现，且统计成本过高。二是损失与侵权行为之间的关系难以证明，从而导致维权成本高。三是知识产权被侵权人的损失有时是长期的，即使侵权人终止了侵权行为，权利被损害的情况仍然会存在。因此，知识产权赔偿难以实现补偿性赔偿所谓的“损失多少、赔偿多少”，所以非常有必要引进惩罚性赔偿，以更好地补偿被侵权人。

预防侵犯知识产权行为发生，远比惩戒已发生的侵权行为更能提升经济效益和社会总福利。知识产权往往具有无形资产的特殊性，权利人对知识产权排他性的控制和保护，与有形资产相比难度大、成本高，因此知识产权领域中发生侵权更为容易。同时，侵犯知识产权的行为存在容易扩散、取证难等特点。因此，从合理利用司法资源等角度看，保护知识产权更应该着眼于预防。例如，目前网络转载文章广泛存在不署名、不支付报酬等侵权行为，如果被侵权人一一打官司，且不说只赔偿一二百元稿酬是否划算，恐怕法院也没有这么多精力来立案和判案。只有加大惩罚性赔偿，让侵权行为少发生、不敢发生，才是最经济的保护知识产权的方法。因此，保护知识产权亟须引入惩罚性赔偿，这不仅能弥补受害人的损失，而且更能有效惩罚过错行为以及遏制侵权行为的再次发生。

知识产权维权中赢了官司、输了钱的情况，一方面损害了知识产权权利人的合法权益，另一方面也等于纵容了知识产权侵权行为的发生。应该说，我国知识产权保护实践中也认识到这个问题的存在。2013 年修订的商标法首次在知识产权领域引入了惩罚性赔偿，规定对恶意侵犯商标专用权情节严重的，可以在权利人因侵权受到的损失、侵权人因侵权获得的利益或者注册商标使用许可费1至3倍的范围内确定赔偿数额。笔者认为，我国应尽快在著作权、专利权等知识产权保护领域广泛引入惩罚性赔偿甚至降低“恶意”“情节严重”等实施惩罚性赔偿的门槛，使其更具威慑力，以便更有力地保护知识产权。（本文发表于《人民日报》《法制日报》《人民法院报》）

4. 保持“APEC 蓝”环保产业需给力

北京 APEC 会议期间，天气质量较好，“APEC 蓝”一词也在网络上迅速流传开来。习近平总书记在出席欢迎宴会致辞时对这个词毫不回避，并特意强调说，希望并相信通过不懈努力，“APEC 蓝”能够保持下去。习总书记的这番讲话，赢得了在场各国嘉宾的热烈掌声和社会各界的强烈反响。（《京华时报》，2014 年 11 月 11 日）

不可否认，“APEC 蓝”缘于“人努力、天帮忙”。要真正实现习近平总书记提出的“让‘APEC 蓝’保持下去”的要求，必须设法从根本上减少污染排放，实现环保与经济发展的同步推进。这其中，大力加强环保产业发展是一条重要的现实路径。

各国经济发展历程都表明，在经济发展的一定阶段，环保与发展之间的矛盾客观存在，有时甚至矛盾十分激烈。特别是对于经济基础较薄弱的发展中国家而言，经济增长是实现社会稳定、民生福祉等各项事业的基础。为保持环境水平的高标准而牺牲经济增长，绝非理论上显示得那么容易。可以说，“离开经济发展讲环保是缘木求鱼，离开环保谈发展经济是竭泽而渔”。

所幸的是，科学技术的进步让发展与环保之间不再是“零和博弈”，经济活动产生的污染完全可以通过科学治理实现危害最小化，而环保产业本身又能成为新的经济增长点。据国家环境保护部数据，我国环保相关产业目前年营业收入在3万亿元左右，占GDP不到5%，处在外部环境较好的黄金发展期。但与此同时，我国环保产业仍存在总体规模较小、技术相对落后、产业聚集度不高、人才资金缺乏等问题，需要通过政策引导、市场聚集，构建更加强有力的环保政策支撑和技术创新体系。

环保产业具有公共资源产品特征，属于典型的政策推动型产业。当前，我国环保产业需要重点提高公共政策设计水平。首先，要依法提高环保监管力度。只有不断加大对各种污染环境行为的强力监管惩罚，环保产业潜在的需求空间才能释放，环保产业市场才能壮大。其次，真正以市场为导向，改革科研院所、研发人才的激励机制，形成企业主导的“产学研”模式，为环保企业的发展壮大提供内生动力。再次，以市场为手段，激励环保产业转型升级。利用税收、财政补贴等方式，鼓励企业开发更环保的技术。税收要注重事前扶持和事后鼓励并重，以避免无效激励；财政投入要注意引导外资和民营资本进入，扩大财政资金的乘数效应；创新融资手段，优先保证环保企业上市、发债、担保等。最后，价格是市场“无形之手”的魔力“指挥棒”，直接影响环保产业的供给与需求。应抓住当前价格整体平稳的有利契机，加快推进相关资源产品的价格改革，引导资源、环保产品的合理定价。（本文发表于《经济日报》《中国纪检监察报》）

5. 补贴农民进城购房需防“引诱移民”

记者从安徽省政府获悉，为推进去库存，促进房地产市场稳定发展，安徽省近日出台系列政策，其中鼓励农民进城购房落户，对自愿将宅基地退还给农村集体经济组织的，县政府按每亩不低于5万元给予奖励。（新华网，2016年6月26日）

三四线城市房地产库存严重，一定程度上影响了地方经济的发展，今年以来地方政府纷纷出台各种各样的补贴政策，鼓励农民进城买房来实现去库存。但效果并不理想，农民进城购房的欲望非常低。笔者认为，单靠补贴鼓励农民进城购房，不仅无法达到政策的预期，还可能会导致“引诱移民”问题，比如农民就业问题、公共服务、社会治安等，给城市带来一系列社会问题和负担，地方政府眼光不能局限于“买房子”上面，尤其要关注小规模、劳动密集型企业的扩张和发展，以产业支撑、农民的产业培训等来破题农民工进城买房问题。

单靠补贴鼓励农民进城购房的效果并不理想，因为决定农民移民的核心不在于住房，而是农民在城市的受雇可能性以及公共服务均等化。目前，农民进城购房意愿极低，“有钱也不进城买房”。据统计，2015年进城购房比重只占1.3%，约200万—300万人，而且一半在县城以下，并不是真正意义上的“进城”。农村向城市移民的经济理论告诉我们，农民决定向城市移民的时候，会权衡两个问题：一是失业或不完全就业的可能性及风险；二是相关利益和成本的合理经济考虑，甚至包括心理上的因素（归属感）。因此，农民工进城并不是一套房子的事情，安居乐业，居和业是密不可分的，农民进城“安居”，必然考量“乐业”的可能性。同时，短时间内引入大量的农民进城也会给城市的公共服务带来巨大压力：子女上学、医疗保障等。受雇的可能性较低、公共服务不能均等化提供，是导致农民进城意愿不强的最重要因素。

单靠补贴鼓励农民进城买房，可能会导致“引诱移民”问题，带来一些城市管理问题。许多未受到教育、无技术的农民受到补贴的“引诱”，通过买房后进入到城市，就会出现完全失业或在非正式部门就业如流动摊贩、流动工人等。然而，一个城市不可能容纳太多非正式部门就业，失业微观上影响进城农民一家人的生计，宏观看也会给城市运行带来巨大的管理成本：治安问题及社会保障压力。一些发展中国家的统计数据显示，盲目“引诱移民”还会导致城市贫民扩大，带来新的消除贫困化的挑战。

当然，我们也应该看到，“鼓励农民工进城买房”，是符合中央提出“加快城镇化进程”“加快户籍制度改革”等政策的。但是，“诗功夫在诗外”，农民进城购房并不在于补贴多少钱，而在于围绕产业支撑，真正实现农民向市民化身份转变。

第一，关注适合地方发展的产业，尤其要大力培育可以吸纳农民就业的劳动密集型、小规模的产业发展。在机器换人的产业趋势下，地方政府要精心选择一些仍依赖手工的产业，培育本地化聚集型经济，如一些运输成本很大、不适合规模化生产的产业，一些与工业化产品实现差异化发展的产品。第二，加大教育培训投入，实现农民向产业工人转化。这不仅仅有利于房地产去库存，提高劳动者技能素质还有利于培育地方经济增长新的比较优势。第三，引导非正式就业部门规范化发展。如流动摊贩通过合理规划引导，实现合法化、规范化，吸纳进城农民就业。第四，基于产业发展的前提下，增加城市公共服务的供给能力，如学校、医疗等，以均等化来增加农民进城的归属感。

总之，只有在现代产业支撑下，创造更多的就业岗位，才能聚集人气，形成消费，农民基于“期望收入机会”等，才能真正激发其进城购房的需求及释放其购买力，“农民工进城购房”的美好愿景，才能真正变为现实。（本文发表于《上海金融报》）

6. 让“市场之手”保护野生动物

2016年6月27日，全国人大法律委员会副主任委员安建作了关于野生动物保护法修订草案审议结果的报告。草案三审稿将立法目的中的“合理利用”改为“规范利用”，更加突出野生动物保护目的；进一步加强对人工繁育野生动物检疫环节的监管；规定主管部门发放相关许可证情况应依法公开。（《人民日报》，2016年6月28日）

野生动物属于人类的公共资源之一，存在“公地悲剧”等问题，导致被过度攫取。政府的规制和法律的限制是纠正公共资源配置失灵的手段之一，以法律的强制力量来建立公共资源的排他性，以及构建野生动物保护的社会价值体系和意识形态来影响人们的行为，对阻止对野生动物的自由使用和有害掠夺，是十分关键的。但笔者认为，保护野生动物除了依赖法令的强制性以外，同时还要发挥好“市场之手”的力量，如设计野生动物保护的产权制度、改善供需关系等。

以法律惩戒保护野生动物存在一定的局限性：一是惩罚手段不能激励人们保护野生动物的行为，仍不能改变野生动物作为“无主资产”的属性，无法激励让人民去增加供给和保护，同时还让不法分子垂涎三尺。此外，面对大面积的“无主资产”，行政部门的执法力量杯水车薪，捉襟见肘，再说监管成本之高也是难以承受的。二是陷入“保护悖论”：保护后出现的偷猎、黑市交易增加了野生动物的稀缺性，从而高价格、高利润“激励”更多人去猎杀。

事实也表明，一纸法令并不能真正遏制住对野生动物的猎杀。据国际野生物贸易研究组织发布的数据显示，2011 年是象牙交易遭到禁止以来，缉获最多走私象牙的一年，全年查获 23 吨象牙，代表着 2500 头大象被猎杀。俗话说，杀头的生意有人做，亏本的买卖无人干。马克思在《资本论》中曾引用英国经济学家登宁的话说：有 50% 的利润就铤而走险；为了 100% 的利润，就敢践踏一切人间法律；有 300% 的利润，就敢犯任何罪行，甚至冒绞首的危险。从公开的案例和数据显示，我们各种野生动物资源面临更大的威胁，不法分子为了高额的利润更疯狂地猎杀野生动物。

实际上，保护野生动物等公共资源时，建立产权等市场手段的有效性并不亚于法律的惩戒。以大象保护为例，肯尼亚等国家把猎杀大象和出售象牙作为违法行为，但这些法律一直很难真正实施，大象种群在持续减少；而津巴布韦等国家允许合法猎杀大象，将森林和大象移交给当地的土著民，土著民只允许猎杀年老的大象，并养殖大象、售卖象牙。当然，笔者并非说我国不要禁止象牙制品的交易，这是我国加入国际公约的义务和责任，只是说我们从中得到一些如何利用好市场手段保护野生动物的启示：土地所有者在产权的激励下，产生了保护甚至繁殖自己土地上的大象，结果数量增加了。大象的事例或许太远，就说身边的国家二级重点保护野生动物娃娃鱼吧，人工养殖后我们再也不用担心它会灭绝。

交易是人类历史上最伟大的发明，“野生动物利用”可以交易，“野生动物保护”同样可以设置“市场”来交易。美国通过建立“狼补偿信托基金”等来保护濒危动物灰狼，用于向黄石公园周边的牧场主赔偿被灰狼咬死的家畜的损失，当地居民已经开始支持狼引入计划并期待得到补偿，这一地区的生态系统也变得更加平衡。澳大利亚和新西兰为了避免龙虾过度捕捞，签发捕捞许可证，为了保护手中的捕捞许可证的价值，两国的龙虾捕捞者成了自然资源的保护者。

“没有买卖，便没有杀害”只是一个美好的愿望，我们只有承认法律的局限性，加以“市场”的思维和办法予以弥补，才能来更加有效地保护野生动物。

PART 2

供给与需求——《多收了三五斗》背后的“鬼魅身影”

想要学习经济学并不复杂。美国著名经济学家萨缪尔森曾经说过：“学习经济学是再简单不过的事了，你只要掌握两件事，一个叫供给，一个叫需求。”甚至有人将此戏谑为：“只要教会鹦鹉说供给与需求，世界就会多一位经济学家。”

显而易见，这当然不是说经济学如此“浅薄”，而是为了更突出“需求”和“供给”的重要性。经济学家常常说的“市场力量”“市场机制”，往往指的就是“需求”和“供给”使市场经济运行的力量。

大家所熟知的叶圣陶先生的短篇小说《多收了三五斗》，讲述了旧中国农民丰收成灾的悲惨命运。其中不仅有制度经济学的因素，也隐藏了“需求”和“供给”的“鬼魅身影”。

因此，如果你想分析一个事件或政策将如何影响经济和人们的生活，你首先要考虑它是如何影响供给和需求的。例如，“推动供给侧结构性改革，重点就是去产能”，就是从理顺需求和供给平衡入手的，钢铁等行业陷入了“去产能、增产量”的诡异怪圈，本质上就是政府行为打破了正常的供需平衡。

所有的市场都要服从于“需求”与“供给”的力量。这就是说，政策制定者不能扭曲供需力量，而是顺应它用好它。例如：政府担保基金、企业创新、产业转移、环境保护、文创产品开发利用等。

在经济学上，“需求”和“供给”是一对密不可分的孪生兄弟，因而供给侧改革不能将它们截然分开。

1. 破去产能怪圈需强化“市场出清”

连续14年居全国第一位、粗钢产量约占全国四分之一的河北，有一个令人费解的现象：河北每年的去产能力度都很大，但钢铁实际产量却几乎每年都在增长。十年来，河北陷入了“去产能、增产量”的诡异怪圈之中。(《上海证券报》，2016年5月30日)

最近钢铁连续价格上涨，一些省份钢铁产量出现大幅度上涨，钢铁产能明减实增。据报道，产量有增无减的不止钢铁。2016年前4个月，除了煤炭的日均产量在4月有所下降外，水泥、有色的日均产量都是持续提升的。笔者认为，破解“去产能、增产量”的诡异怪圈，在硬化政策性压减的同时，还要强化“市场出清”措施。

去产能是当前我国经济闯关的五大战役之首，社会各界已经形成广泛共识。但具体到地方，尤其是一些钢铁重镇，所承受的GDP下降、去产能失业、财政收入锐减等压力恐怕可以用“痛不欲生”来形容，因而“一边去产能、一边增产量”的被动去产能并不难理解。

且不说地方政府的“不情愿”，其实以行政干预手段实施的政策性压减“去产能”本身也存在弊病：一是有可能违背市场规律，钢企更多依赖政府补偿、补贴，从而付出较高的“去产能”成本。二是政府无法精确识别过剩产能中，究竟谁是好的产能，谁是坏的产能。例如，小钢企并不一定就是坏的产能，河北天柱钢铁集团年产能只有360万吨，但2015年盈利2.8亿元。而大型钢企武钢、鞍钢出现几十亿的亏损。三是政府“拉郎配”式兼并重组鲜见成功案例，后遗症较多。例如盈利的沙钢被亏损的山东钢铁兼并重组后出现巨额亏损。

追根溯源，产能过剩实际上就是行政手段干预市场种下的一枚苦果。市场有其灵巧的均衡机制——“市场出清”，即市场通过价格的灵活性，来调节供需平衡。以钢铁为例，一旦出现超额供给，价格就会下降，钢企通过提高生产效率来实现将价格降低；落后产能只能降低产量直至退出市场。因此，每一个市场都处于或趋向于供求相等的一般均衡状态，不存在产能过剩。然而，决定企业是否退出并不是只有市场唯一因素，地方政府在各种利益驱动下，通过国家贷款、财政补贴等为其“续命”，该减产量没有减产量，该倒闭的没有倒闭，从而出现产能过剩。这些“僵尸企业”不仅仅吸食国家经济的“血液”，还吸食行业内的有竞争力企业的“血液”——以不公平竞争破坏市场效率，最终导致“劣币驱逐良币”的坏结局。

去产能的目的不仅仅要降低供给、缩小供需失衡，更重要在于通过淘汰落后产能、清除“僵尸企业”，恢复市场灵巧的均衡机制，从而提升生产率，这才是长远之策。因此，去产能在优化、硬化政策性压减指标的同时，还要强化“市场出清”机制：第一，坚决遏制行政手段干扰“市场出清”机制，对产能过剩“釜底抽薪”。如规范减税、财政补贴、银行贷款等低效率政府行为，真正实现让市场决定企业优胜劣汰。第二，以市场竞争效率决定“去产能”，对“僵尸企业”等通过关停并转，加快清理退出市场，不单以规模大小、企业性质来决定。加强产能国际合作、出台提高企业竞争力的扶持政策，从而提升过剩产能行业的生产效率。第三，依法实施市场化兼并重组或破产重组，避免政府“拉郎配”。第四，对于高污染、高排放企业，政府严格执行环保、绿色信贷等标准，防止落后产能牺牲环境等负外部性来逃避“市场出清”惩罚。（本文发表于《新京报》《广西日报》）

2. 政府担保基金需市场激励

日前召开的国务院常务会议提出坚持市场主导和政策扶持相结合，有针对性地加快发展融资担保行业，会议提出设立政府性担保基金、国家担保基金、发展聚焦小微和“三农”的政府性融资担保机构、落实免征营业税和准备金税前扣除等政策、对政府性融资担保和再担保机构减少或取消盈利要求等五项重大举措缓解小微企业融资难问题。（《证券日报》，2015 年 8 月 3 日）

担保作为融资体系中的基础性制度，对企业乃至整个实体经济发展十分重要。此次，国务院发力打造担保链新生态，这是破解中小企业融资难的关键环节，可谓是扶持实体经济和稳增长的“及时雨”。

良好的公共政策可以纠正“市场失灵”并提高经济效益。中小企业抵押物缺乏、信用低以及较高的经营不确定性风险，与商业性银行等金融机构的低风险偏好、利益最大化的“理性经济人”角色之间始终存在着矛盾，最终导致市场无效率。从福利经济学的角度来看，市场势力（大企业及银行）和外部性（中小企业带来的就业及经济活力）导致了中小企业融资“市场失灵”，政府通过“有形之手”，建立政府主导的担保基金和机构，为一些信用好、有前景的企业提供有限度的支持，是必要之举。

事实上，大多数国家采取政府出面的方式，为银行提供向中小企业贷款的担保，以鼓励银行向中小企业贷款。以高度市场化经济著称的美国，政府通过中小企业局和美国进出口银行对中小企业的融资担保伸出了“有形之手”。1958 年，美国国会立法明确规定“中小企业局”为永久性联邦机构，其职能是专门行使管理中小企业职能。如果中小企业不能按时偿还贷款，中小企业局将归还所欠贷款总额的 90%。联邦政府设立的美国进出口银行，专门设有向中小型出口企业提供信用及风险担保的业务项目，其目的在于促进中小企业产品出口，如果出现国外进口商由于商业理由或者政治原因延误付款或无法收回货款时，该行可承担95%—100%的风险。有了政府的担保，银行可以放心地放款。

当然，政府的“有形之手”需要市场“无形之手”提供激励，政府主导的担保基金和机构，必须以市场为基础，以市场机制激活政府担保基金和机构的效率提升，避免直接的行政干预：

第一，政府主导的担保基金和机构的组织、营运必须实现完全市场化，如：人员招聘、业绩考核、薪酬等，要与市场接轨，而不是僵化的行政机构；任务和目标要符合市场规律，而不是简单的上级部门和官员下达数字，避免沦为不切实际的“政绩工程”；以市场机制保证资产的流动性、安全性和效益性最大化。除了财政资金以外，还要适当建立被担保企业的利益分享机制，降低企业融资成本和负担，但要分享因此带来的企业效益，这样基金才是有源之水。

第二，担保的对象及项目既不能“傍大款”，也不能充当慈善机构。主要是创业、创新企业，抵押品不足、但有前途的企业，或者是能够正常经营但有暂时流动资金困难的企业，重点扶持符合国家产业发展政策，产品有市场、企业有效益、有信用，但难以提供有效融资担保的中小高科技企业和劳动密集型的生产制造型企业。

第三，建立政府、银行、企业分担风险机制，政府占80%—90%，银行占10%—20%，企业股东则需签署承担无限责任承诺书，长期追溯其法律责任。同时，银行因政府担保降低了信贷风险，利率也应该相应下调。加强相关法制建设，强化信贷风险约束，对于恶意骗贷的予以刑事处罚。

第四，对政策性担保机构建立科学的业绩评价体系和监管体系，业绩考核的重点放在资金安全、担保企业的整体经济效益及社会效益上，允许出现一定比例的坏账率。（本文发表于《企业观察报》）

3. 用市场手段让企业成为创新主体

在党的十八大提出要实施创新驱动战略的基础上，习近平总书记又在近日的中央财经领导小组第七次会议上，专门阐述实施创新驱动战略的基本要求，其中特别强调要坚持企业在创新中的主体地位。（新华网，2014年8月19日）

笔者认为，要实现这一要求，就必须从全面升级企业创新环境入手，激发企业创新活力，发挥其在需求导向和产业化方向上的天然优势，使之真正成为我国创新驱动战略的主力军。

回顾我国改革开放三十多年来的创新历程，不难发现以下两条基本路径：一是较多地强调自上而下的“成果转化式”创新路径，即通过大力支持高校和科研院所为上游创新成果寻找市场，逐渐形成了以“产学研”相结合为主要特征的创新模式；二是较多地强调由外向内的“引进吸收式”创新路径，即通过对国外先进技术的引进、消化、吸收及再创新，逐渐形成了以“市场换技术”为主要特征的创新模式。不可否认，以上两种创新路径曾对我国的技术进步和经济增长发挥了巨大的支撑作用，但与此同时，市场经济条件下我国企业自下而上的内生性创新则显得相对不足。

近年来，随着全球新一轮科技革命的兴起和我国经济增长中深层次矛盾的日渐显现，不仅过度依赖要素投入驱动的经济增长变得难以为继，自上而下和由外而内的创新也难以继续支撑我国经济持续健康发展。时至今日，将创新，特别是企业自下而上的内生性创新作为支撑经济持续增长的主要驱动力已经势在必行。

以鼓励行业竞争增强企业创新的内生动力。市场经济中企业对创新行为的投入源于对利润的期待，而数家独大的市场势力则不但会使垄断企业“不创新也有利润”，还会造成潜在进入企业“创新也无法实现利润”，从而全面扼杀企业的创新动力。这就需要通过产业组织政策向寡头垄断行业引入竞争机制，改变少量企业数家独大的市场结构，从根本上减少行业内企业的创新惰性，使其在“要么主动创新，要么被动淘汰”的市场竞争压力下增强创新的主观能动性。

以保护知识产权消除企业创新的后顾之忧。市场经济中企业创新行为在长期中具有明显的溢出效应，但知识产权保护的缺失则容易引发不创新企业的“搭便车行为”，这将导致创新企业不但无法补偿初始的创新投入，而且难以获得预期的创新收益。要通过加强对企业创新性知识产权的保护，使得企业创新的外部性内在化，从而减少企业创新收益的不确定性，使企业能面向市场需求放心大胆地实施创新。

以调整激励政策引导企业创新的正确方向。税收激励和补贴激励作为政府对企业创新行为的典型激励政策，需要更多地考虑政策效果的导向性和针对性。在税收激励政策中，要适时推进从较多考虑投资额度的优惠性税收激励向更多针对研发的奖励性税收激励转变，逐步减少对纯要素投入型企业的税收优惠，加大对科学技术和商业模式方面创新型企业的支持力度。同时，政府在确定对企业创新的补贴额度时，不能仅仅考虑企业的专利数量等单一指标，而是需要更多关注企业创新行为的市场绩效，从而甄选出市场认可的有效创新企业，排除以申报各类高新技术企业补贴维持生存的“僵尸企业”，提高补贴激励政策的针对性。（本文发表于《经济日报》）

4. 产业转移要坚持市场主导

要引导东部部分产业向中西部转移，相关部门必须在执行中把握好一些基本原则，首要的就是坚持市场主导、政府引导、环境优先、结构优化的原则，让产业转移顺应经济发展规律，让市场在资源配置中起决定性作用。

2014年6月25日召开的国务院常务会议，确定了促进产业转移和重点产业布局调整的政策措施。其中，明确要求引导东部部分产业向中西部有序转移。在当前稳增长、调结构、促改革的关键时期，通过加大中西部地区薄弱环节投资力度，改善交通、信息、能源等基础设施，为其发展提供产业支持，既拓展了我国经济新的发展空间，增强发展的长期动力，又有利于促进产业结构升级和区域城乡之间实现梯度、联动、协调发展。

引导东部部分产业向中西部转移，既是当前经济形势的客观要求，也是区域发展战略的主动追求。首先，由于劳动力、土地等各类生产要素价格不断上涨，东部地区正抓紧推进产业转型升级，部分制造业的竞争优势逐步丧失。这些比较优势退化的产业和企业，必须在空间上进行区际重组、转移。其次，我国制造业目前正面临来自发达国家和其他发展中国家的双重压力。发达国家近年来推动制造业回归，通过发挥科技创新优势，对传统制造业进行改造，实现了更高水平、更高利润率的发展；发展中国家则利用低工资等成本优势，大量吸引跨国企业投资。我国制造业一方面要转向技术和资本密集型的高附加值领域，另一方面也不能放弃劳动密集型领域的传统优势。最后，中西部地区近年来交通、信息等基础设施建设加快，产业配套能力提高，市场经营环境改善，具备了承接东部制造业转移的能力。

但是，要让这一兼顾多重目标的规划真正实现，相关部门必须在执行中把握好一些基本原则，首要的就是坚持市场主导、政府引导、环境优先、结构优化的原则，让产业转移顺应经济发展规律，让市场在资源配置中起决定性作用。

之所以提出这样的警示，是因为目前中西部一些地方政府在产业招商和产业转移过程中暴露出不少问题。比如，某些地方为增强吸引力，刻意实施着成本高昂的“低成本战略”：以生态环境“低成本”为代价吸引“三高”企业；以压低劳动力价格的“低成本”吸引竞争力较弱的企业；以土地和税收的“低成本”吸引“空壳”企业。将扭曲的低成本作为核心竞争优势，虽在短期内能够取得一定“成效”，但实际难以持续。以劳动力为例，越南、印度等国家的制造业平均月薪只有1000元人民币左右，柬埔寨和缅甸等国甚至只有约500元人民币。与其相比，我国西部地区也没有优势。从土地和税收成本看，政府出台的优惠政策，导致一些企业以投资建厂的名义大量圈地并长期闲置，甚至恶意炒卖赚取暴利，不仅严重影响了正常经济发展，而且造成了大量土地资产流失，这些都不是我们需要的产业转移。

因此，在引导东部地区部分产业向中西部转移的过程中，中西部绝非被动地“接受转移”，成为一些原本应该被淘汰产业的“还魂之地”，而是要真正结合资源禀赋和区位优势，对技术、环境及政策演变有更多前瞻性考虑。

一是通过产业集群战略形成专业集群优势。要打破以往相对零散的低关联度投资格局，从较多关注总量规模向更多关注结构质量转型，避免“捡到篮子里都是菜”的做法。只有聚焦长期的集群战略导向，才能逐步形成兼具规模经济和范围经济优势的专业化产业园区。对中西部地区制造业而言，产业集聚并非一定要采取以某个巨型企业为龙头的“中心—外围”模式，打造以中小型企业为主体的高关联性、专业化集群，可能更具现实操作性。

二是通过生态开发战略发挥生态经济优势。拥有良好生态环境的中西部地区要充分认识到，制造业发展绝不能、也可以不和环境“作对”。良好的生态环境是难以复制和再生的区域竞争优势。依托资源禀赋、切实保护环境、节约集约用地用水，通过承接产业转移带动当地产业结构和经济发展的生态化，都是中西部地区在承接制造业转移过程中必须坚守的底线。

三是通过全程服务战略建立经济发展良好的“软环境”。少数中西部地方政府人员认为，“缺少知名度”是目前招商难的难题。但实际上，“名声不好”才是导致一些地区招商不易的主要原因。今后，中西部地区的整体“硬件”环境将进一步提升，这就要求当地必须通过实施为外来企业全程服务的战略，建立和改善当地品牌。地方政府在招商阶段不要许不负责任的承诺，在企业进驻后则要积极兑现承诺，更不允许对外来企业“关门打狗”。同时，还应积极为外来企业的持续成长搭建平台，提供必要的政策服务和支持。各行业企业家之间的“口碑效应”，将会帮助地方吸引更多企业前来投资，形成发展的良性循环。（本文发表于《经济日报》）

5. 环保既靠法治又靠市场

公众期望，各项法规的推行落实，能够成为破解我国环境困境的利器。不过仅靠罚款、关停并转等行政手段并不足以解决所有问题，通过价格、税收、排污权交易、绿色信贷等市场手段配置资源，鼓励地方政府、企业自觉加强环保，应得到同步加强。

新修订的《环境保护法》将于明年起施行。近段时间，《环境保护按日连续处罚暂行办法》《实施环境保护查封、扣押暂行办法》等4个配套文件面向全社会公开征求意见。（《经济日报》，2014年11月1日）

在雾霾频频袭城的背景下，4个配套文件被视作执行好新环保法的“铁拳钢牙”。公众期望，各项法规的推行落实，能够成为破解我国环境困境的利器。不过，仍需意识到：仅靠罚款、关停并转等行政手段并不足以解决所有问题，通过价格、税收、排污权交易、绿色信贷等市场手段配置资源，鼓励地方政府、企业自觉加强环保，应得到同步加强。近日召开的国务院常务会议，决定推行环境污染第三方治理，推进政府向社会购买环境监测服务，就凸显了我国政府利用市场机制解决环保问题的重大意识转变。

以惩罚思维治理环境，短时间内或立竿见影，但长期效果却十分有限。因为企业和地方政府作为“理性经济人”，会计算边际效益和边际成本，采取自身利益最大化的行为。一些企业家会权衡守法和违法的成本与收益，在只有惩罚而缺少奖励的情况下，容易出现“花钱行贿”或绕开监管等方式逃避；一些地方在经济增长、财税激励等考量下，容易采取牺牲环境的发展行为，从而出现有法不依、执法不严等现象。即便监管部门严守职责、雷厉风行，面对基层大量“散而乱”的企业主体，监管成本之高也是长期难以承受的。

很长一段时期，人们普遍认为“不应把环境问题货币化，因为它是无价的”，要更多从劝告、惩戒等角度保护环境。沿袭传统思维，就无法建立一套激励市场有效配置环境资源的政策体系。直到20世纪90年代，人们才认真看待经济杠杆在减少排污中的积极作用，认识到在实施保护公共资源手段时，奖励的有效性并不亚于惩戒。我国环境保护的严峻现实也告诉我们，仅仅靠惩罚难以达到可持续环保目标。目前，我国保护环境的经济手段相对缺乏。相关政策体系应按照市场规律，运用价格、税收、财政、信贷、收费、保险等经济手段，基于利益调节或影响市场主体的行为，以市场机制激发经济参与者的“利己心”，促进总体环境经济福利。

第一，要以法治思维为基础，充分发挥市场机制在资源配置中的决定性作用。比如，不能采用低效手段使用征收的排污费，而应采用科学绩效评价等市场机制来配置。第二，运用补贴、矫正性税收政策弥补环保产品的市场机制不足。如秸秆回收可能难以实现经济利益，但可依据环保价值大小进行适当补贴，提高其在市场的吸引力。第三，利用价格工具实现环保成本分担、引导环保生活方式，按家庭垃圾产生量承担不同的费用，推广阶梯水费、低价节能灯具等。第四，明确产权关系，建立完善环境保护的交易市场，如碳排放、排污交易、使用者付费，鼓励企业加大环保投入和环保技术创新。第五，利用财税工具等，强化政府在技术创新驱动环境保护中的主导作用。如：加大对节能减排和环境保护技术研发的支持，制定环保标准推广技术等。第六，利用财政资金购买企业的环保服务，推行污染第三方治理，实行环境污染治理的专业化、社会化服务。污染第三方治理是指政府或排污单位以合同的形式，通过付费将产生的污染委托专业化环保公司治理。如用纺织印染企业的水处理设施处理城市污水等，既调动了企业积极性，又减少了政府成本。此外，以信贷、保险等金融手段培育绿色企业，提高生态指标在官员政绩考核中的比重，以财政转移支付建立合理生态补偿机制等，都应纳入政策选择库。（本文发表于《经济日报》）

6. 鼓励社会资本激活文创产品开发利用

2016 年 5 月 18 日，第 40 个世界博物馆日。日前，国务院办公厅转发文化部、国家发展改革委、财政部、国家文物局等部门《关于推动文化文物单位文化创意产品开发的若干意见》，对推动博物馆等文化文物单位文化创意产品开发工作作出部署，为文化创意事业发展带来了新机遇。（《人民政协报》，2016 年 5 月 19 日）

博物馆、美术馆、图书馆等文化文物单位，在我国属于事业单位管理，为了突出公益性，绝大多数靠财政拨款来维持营运。而从中央到地方，每一级政府都建设、营运数量庞大的各类文创单位，单靠政府财政资金必然捉襟见肘、杯水车薪，因此我国文创单位绝大多数过得并不“宽裕”。针对种种不足，国务院办公厅转发文化部等部门的《意见》，要求鼓励和引导社会资本投入文创产品开发，努力形成多渠道投入机制。

笔者认为，鼓励社会力量参与文创产品开发，要充分用好财政的“杠杆”作用，发挥好财政资金的“汲水效应”，以竞争性扶持吸引社会资本投入到文创产品开发上来，从而让社会资本激活文创产品“大脑洞开”。

实际上，我国博物馆、美术馆等单位拥有大量的稀缺资源，但却由于财政、机制等原因生存堪忧，有的或接近于闭馆状态，或不敢运营，甚至关门谢客。用“捧着金饭碗要饭”这句话来形容，再贴切不过了。究其原因，这与我国对文创产品扶持投入方式有着密不可分的关系。我国政府并非没有对文化创意产业进行大投入，而是存在两大弊端：一是各级财政资金大多以低效率的方式投入给了一些国有文创单位，而极具成长性的民营企业却没有得到很好的扶持，一些政策甚至对社会资本设计了准入门槛，从而失去了市场活力。二是实行“撒胡椒面”“普惠式”扶持政策，使得本来有限的公共财政资金更加“捉襟见肘”。每年大量的财政资金按照国家级、省市县级，以行政手段的办法平均分配给文创单位，出现“吃大锅饭”的现象。

其实，公益性与经营性并不是天然的一对矛盾体。事实上，国外不少博物馆等文创单位靠“大脑洞开”的“创意经济”，实现了经营性与公益性的相辅相成、相互促进、相得益彰。据资料显示，美国大都会博物馆近年的文化产品年均销售收入都超过了 1 亿美元，高于门票收入。而根据国家文物局相关调研结果，我国 70% 以上的博物馆文化创意产品年均销售额不足 500 万元。

文创产品在国外可以很好地实现公益性与经营性共生共荣，那么，是不是到了我国就“南橘北枳”“水土不服”了呢。其实不然，据故宫博物院透露，截至 2015 年年底，故宫博物院共计研发文化创意产品 8683 种，其中在 2013—2015 年期间，已累计 1273 种。与此同时，故宫的文创产品销售额也从 2013 年的 6 亿元增长到 2015 年的近 10 亿元。

怎样才能更好地让社会资本激活文创产品“脑洞大开”呢？首先，转变思维方式，激活文创产品开发的社会力量。文创产品开发并不需要政府全部包办，给予民营文创企业和国有文创单位同等待遇可能效果更好。其次，深化文化体制改革，进一步完善文创产品开发市场准入制度，降低社会资本进入文创产品开发的门槛。例如：鼓励民营博物馆、美术馆等；允许国有文创单位引进民营资本甚至是外资，成了合资公司经营、研发文创产品，核心技术人员、管理人员参股，从而提升国有文创单位的效率和活力。再次，以补贴、奖励、免税、出口退税等财税政策，吸引社会资本进入文创产品开发项目。实施财税政策时需注意三个原则：一是竞争性扶持原则。不基于效率的扶持，就是变相的“奖懒罚勤”“奖劣罚优”。二是遵守公平原则，保证财政支出的公共性、合理性、合法性。三是聚焦原则，财税政策必须集中用于突破重点难点。最后，完善立法、相关优惠政策，鼓励社会资本对文创单位进行公益性捐赠等。（本文发表于《广西日报》《上海金融报》）

PART 3

价格——“看不见的手”中的指挥棒

现代经济学之父亚当·斯密（1723—1790），1776年在《国富论》中提出“看不见的手”的命题，认为在每个参与者追求他或她的私利的过程中，市场体系会给所有参与者带来利益，就好像有一只吉祥慈善的看不见的手，在指导着整个经济过程。

农民该种多少粮食，以及种哪一种粮食？工人生产多少件衣服，生产什么款式？没有了计划经济的指令，为何却产生了更合意的结果呢？诸如这类问题，想起来是件多么不可思议的事情啊！要知道，市场上有千百万思考和行为方式各异的人，他们有着不同的能力和欲望。“看不见的手”靠什么来精巧地协调这些决策分散的人们的行动呢？这个答案是：价格。亚当·斯密对此有一个著名的论断：有一只“看不见的手”引导着市场经济，那么，价格制度就是这只看不见的手用来指挥经济交响乐队的指挥棒。人们根据价格的高低，自我调节“需求”和“供给”，并达到合意的供需平衡。

在市场经济中激励是核心，而激励则是由价格、利润和产权向个人和商家提供的，价格虽然不能全部囊括后面两者，但却是它们实现激励的一个重要途径。某种意义上来说，供给侧结构性改革关键是要解决生产要素的合理配置问题，核心就是要使市场在资源配置中起决定性作用，而市场配置资源的决定性作用就是发挥好“价格”配置资源的作用。因此，价格改革也是供给侧结构性改革的重要抓手。

应该说，虽然政府已经大幅度减少直接干预价格的范围，但仍有不少领域依然存在政府干预价格导致扭曲资源配置的现象。与此同时，政府习惯用价格而不是市场手段来进行事务管理的思维并没有完全去除。比如餐馆的“最低消费”、最低稿费制度、演员薪酬限价令、洪灾过后的蔬菜价格管制等，实际上都没有达到政策制定者的预期。

1. 优化价格的资源配置信号灯作用

国务院总理李克强2014年11月15日主持召开国务院常务会议，部署加快推进价格改革，更大程度让市场定价。价格牵动万千的消费者和企业，价格改革引起社会各界的广泛关注与热议。（《每日经济新闻》，2014年11月17日）

市场决定价格是市场经济最为核心的共识，这一共识来自于最基本的经济学理论：需求供给决定价格。供求影响价格，当商品供不应求时，价格上涨，当商品供过于求时，价格下跌；价格也影响供求，市场价格的升降，给供求双方同时发出信号：价格提高，将会促进生产，增加供给；反之，则起到抑制需求的作用。通过价格的双向调节，使供求在新的水平上最终趋于平衡。这种供求关系变化和价格涨跌，形成市场竞争，实现优胜劣汰，促进经济运行效率的提高。

改革开放后，政府直接干预价格的范围已大幅度减少，绝大多数商品和服务的价格已经放开。据报道，目前我国95%以上的消费品、97%以上的生产资料价格都已由市场形成。但一些关系到国际民生的产品和服务市场化定价机制尚未形成，政府定价领域仍然偏多，如成品油、天然气等资源性产品，银行利率、交通、环保、电信、医疗等。近年来，这些领域的改革虽然取得了可喜的进展，但深层次问题没有得到根本解决，该放开的没有放，该监管的没有管好，价格的扭曲导致了资源错配、结构失衡、粗放发展。

价格扭曲市场供需制约我国经济社会可持续发展。银行存贷款利率管制，导致企业“融资难、融资贵”、银行缺乏转型发展的动力。矿产和水价等能源价格没有体现资源的稀缺性和环境成本、生态价值等，如现有煤炭价格探矿权、采矿权使用费偏低，没有包括安全生产、煤矿退出等成本。水、电、油、气等资源性产品价格比价关系不合理，上下游之间价格传导不畅，如煤炭与电力价格、原油与成品油价格、工商业用电与居民用电、天然气与石油等，造成价格杠杆的逆向调节作用，既不利于优化能源结构，也不利于提高产业竞争力。如我国目前工业电价甚至超过美国、韩国、瑞典等发达国家，美国凭借低价能源促进制造业复苏和海外资本回流，降低了我国制造业的比较优势与国际竞争力。

价格扭曲市场供需直接影响到全体民众的切身利益。如医疗服务价格的扭曲，导致医院“看病难、看病贵、开药多”等问题。一位医生告诉总理，自己的按摩理疗服务价格每小时只有几十块钱，而在外面的“洗脚城”，一小时按摩服务的价格却有上百元。在国务院常务会议上李克强重提此事说：“目前公立医院医事服务费价格确实太低，但药价虚高现象仍然存在，因此，要通过改革，逐步理顺这种不合理的价格机制。”在市场经济中，价格管制往往损害那些它想要帮助的人，未必能实现最佳经济福利。价格上限会引发市场短缺，价格下限会引发市场过剩。节假日高速公路免费的决策也是价格管理失当的例子，实质是政府规定了0元的价格上限，因此导致排长队、大堵车等，反而影响了公众的整体经济社会福利。正确的做法是，如果确实认为高速公路收费偏高的话，应该是平时整体降价，而节假日反而利用价格进行分流。

价格是引导资源配置的指示器、信号灯，是市场无形之手中的魔力“指挥棒”，发挥价格的资源配置优化作用：第一，价格改革的核心是遵循市场经济规律，形成“市场决定价格”的具体机制，使价格能够真正由市场供求来决定。第二，处理好政府与市场的关系，简政放权，竞争领域的价格全部放开，公益性、公用事业领域的价格不能放的也要完善定价方式，让市场规律更多地发挥作用。第三，完善价格监管机制，强化市场价格监管和反垄断执法。对确实需要政府定价的垄断环节，如电网、天然气管网，进行有效的价格监管，增强监管机构独立性和监管能力，在竞争性领域打击价格操纵、价格欺诈等行为。第四，价格调整要充分考虑群众和企业的承受能力。特别是中低收入群体利益的影响程度及补偿问题。第五，在价格发生市场失灵时，即使政府干预，也不应放弃市场的力量，更多地使用市场手段来解决问题，比如引入竞争机制、财税补贴等，而不是简单粗暴的价格限制。（本文发表于《证券时报》《经济日报》）

2. 炫耀性消费产品只能要高价

中南财经政法大学100多名EMBA学员们日前享受了一场“经济大餐”，我国著名经济学家、国务院特邀监察员、国家价格指导委员会委员梁小民教授，应邀为该校EMBA学员们讲授连续4天的核心课程《管理经济学》。

企业家离经济学并不遥远

梁小民教授在讲课中强调，管理经济学是运用经济学原理解决企业在经营、管理中的问题。当然，它不是给出解决这些问题的具体方法，而是为解决这些问题提供一些分析工具和思路。换言之，它给你的不是猎物，而是打猎的方法。

梁小民教授说，想把企业做大，进入其他行业。进入哪一个行业，如何进入，这是企业的重大决策，在作出这种决策时，要做以下四部分工作：第一，作出这种决策的限制条件，如外部国际环境与国内经济政策的限制，企业本身资金与人力的限制，等等。第二，可能的行动方案有哪些，可以进入的行业有哪些。第三，每个进入方案预期的收益与成本。第四，选出一个最能实现目标的方案。在这一决策过程中，必然要运用各种经济分析工具与方法，如成本—收益分析，风险—收益分析，机会成本，等等。当然你可以把这些工作交给专业咨询公司或手下的专业人员去做，但你作为企业家起码要能看懂他们所做的计划。在审读这些计划时，你会深切地感到经济学并不遥远，它就在你的工作中，在你企业成长的过程中。

炫耀性消费产品只能要高价

在经济学上，有一个“需求定理”，说的是：价格上升，需求下降；价格下降，需求上升。梁小民教授说，企业家同时需要注意经济学中，还有一个“需求定理另外”的情况发生。“需求定理另外”是：价格上升，需求上升；价格下降，需求下降。这一类产品主要是市场上一些“炫耀性消费”，这些消费并不是只为了实际价值，而是体现身份。在市场经济社会，钱成了显示身份的手段之一；但是人们又不能把存折写在脸上，通过高消费便是手段之一。比如汽车、烟酒、手表。

梁小民教授举了两个例子，一个是山西的汾酒，是我国八大名酒之一，销售量和市场占有率曾经是第一，但是这几年市场地位下降，一个重要原因可能是：价格没有定上去，通常喝酒不是喝酒的好坏，而是喝主人的面子。另外，一个例子就是红旗轿车，梁教授甚至把红旗轿车的品牌倒下的根本原因归结为其定位问题。他说，红旗车原来定位于高档、豪华车，代表一种身份，一种地位，原来只有正部级的官员才能坐。如果要把这个品牌做好，就要保持高品牌、高地位，如凯迪拉克。本来自己身份很高，但是后来自己把自己的地位做混了，不是做高档车，而是做低档车、一般的车，质量又不如进口车。如红旗世纪星 40 多万，就不如买一部同档次的进口车性能好。因此，炫耀性消费产品只能要高价，否则就是自毁长城。

跨国企业定价值得借鉴

在谈及企业竞争时，梁教授重点谈了价格竞争策略。他认为，中国企业目前最大的缺点就是不会应用价格，该涨价的时候不会涨价，该降价的时候不会降价。梁小民认为，价格是由供求关系决定的，并不是价值决定的，同时，价格上限是消费者的心理接受价格，而不是消费者的实际承受能力，比如，一本不厚的书籍通常在 20—40 元，但是一本书定价在 150 元绝对不好卖，并不是消费者买不起，而是无法接受。

在企业“单一定价”（一个产品一种价格）究竟是选择高价少销还是低价多销时，取决于消费者的价格弹性和原材料多少。消费者价格弹性少，供应商价格低，原材料少就选择高价少销。反之就选择低价多销。梁小民说，跨国企业定价有很多值得中国企业家借鉴的地方，在非典过后，饭店一片打折声，麦当劳反而提价，主要是他们到中国已经锁定了两大客户：小孩、高中生，这两类消费者没有价格弹性，不在乎价格，只在乎自己的感受。事实上，麦当劳涨价后消费者并没有减少。

价格战绝不是斗气，理性的价格战有原则

现在，商战中很多地方动不动打价格战，梁小民表示：不能把价格战作为一件绝对坏事。价格是市场上重要的竞争手段，通过降价来吸引消费者是正常的营销方法。你降价，我也降价，爆发价格战在所难免。不过价格战绝不是斗气，理性的价格战是有原则的。

一是价格战多发生在某些行业中。这些行业要求每家企业规模都相当大，以实现平均成本最低。如果这些行业的现状是有大大小小许多企业时，就要通过价格战来合并和兼并重组，以实现每个企业和整个行业

的规模经济。这时往往是由规模大、实力强的企业挑起价格战。那些规模小、效率低的企业无法降价竞争，只能破产或被兼并。这种价格战是行业适度规模内在规律的要求。价格战的结果是资源的有效配置和企业做大做强。我国的微波炉等行业正是通过这种价格战，实现了产业集中。现在仅格兰仕一家的产量在世界市场上就占了45%。

二是价格战的目的是为了增加销售量。但这一招并不是一用就灵。我们可以把各种商品分为两类。一种是消费者对价格变动敏感，降价之后销售量大大增加，这种商品称为需求富有弹性，降价是有效的。另一种是消费者对价格变动不敏感，降价对增加销售量作用有限。这种商品称为需求缺乏弹性，降价没什么效。就图书而言，不同的书需求弹性并不同。教科书、工具书、专业书、指定的政治学习书，基本属于需求缺乏弹性。休闲类图书基本属于需求富有弹性。全场降价销售没有考虑到不同书的需求弹性，并不理性。何况降价的目的不应该是增加销售量，而是增加利润。书店如此降价，销售量可以增加，但能增加多少利润？记得二十年前，河南郑州各商场竞相降价，结果两败俱伤，都出现了亏损。这个教训应该汲取。

三是价格战以实力为后盾。许多商家想通过降价扩大自己的市场份额，或把竞争对手挤出市场，但这种愿望能否实现还取决于自己的实力。如果双方实力相当，价格战对双方都没有什么好结果。记得去年国美在南京挑起家电价格战，企图把苏宁挤垮。但这两家家电零售企业实力相当，国美并不具有打败苏宁的实力。结果也是一场两败俱伤的“两伊战争”。

市场经济中，各个企业为了实现自己的利润最大化进行竞争是正常的。这种竞争正是市场经济的活力所在，有利于整个社会效率的提高。但是，竞争并不是绝对的，合作也可以实现双赢。不少人更多注意的是对抗与竞争，而忽略了合作。去年获诺贝尔经济学奖的经济学家罗伯特·奥曼和米勒研究了博弈中的合作问题。特别是在重复博弈（如你降价我也降价，我降价你又降价的竞争）中，合作实际上比竞争更有利于双方。商家应该学学这些道理，不要逞匹夫之勇，以一味降价为能事。

即使就竞争而言也不仅仅只有降价一种方法。比价格竞争更重要的是非价格竞争，或称产品差别竞争。比如，对书店来说，竞争不能仅仅是打多少折，而包括了更为广泛的服务。比如书店环境的文化气氛，读者选书的便捷，服务员的态度，书的品种，等等。

3. 规范经济秩序需遵循“价格”力量

本月起，由商务部、国家发改委联合发布的《餐饮业经营管理办法（试行）》正式施行，新规对“包间最低消费”“开瓶费”“茶位费”等广受消费者诟病的餐饮业乱收费明确说不，违者最高可罚3万元。不过，导报记者昨日调查发现，虽然厦门餐饮商家大多取消了最低消费，但个别商家却又通过收取包厢服务费、限制包厢最低人数等花样，继续变相乱收费。（《福建海峡导报》2014年1月3日）

禁令生效后，北京、广东、重庆、江西等省市的记者调查时发现，餐饮最低消费被禁止后，不少从业者改收高额服务费，换汤不换药。尽管有高达3万元的罚款“大棒”，但仍可断言这个忽视市场配置资源规律的禁令，将难免陷入“高举空打”的尴尬境地，“最低消费”最终将以“服务费”“最低人数”等名目改头换面重出江湖。

基于发展生产力、改善民生的需要，我国确立了建立社会主义市场经济体制的基本国策。十八届三中全会提出“使市场在资源配置中起决定性作用”，十八届四中全会提出依法治国、法治政府等。具体到经济领域的依法理政，就是发达的市场经济与现代法治的有机结合，成熟的市场机制与良好的法律制度衔接契合。规范经济秩序应充分遵循“价格”的力量，为之保驾护航，而不是违背其规律，简单、粗暴加以干预、扭曲。

餐饮市场近似完全竞争的市场（垄断竞争市场），买卖双方众多，任何一家餐饮企业或任何一个消费者的行为都不能影响市场的价格，市场可自由进出，很难形成寡头垄断。最低消费实质上是餐饮企业结合装修档次、包间大小和差异化的产品服务等所收取的费用，消费者会结合自身消费需求，自由自主地双向选择，市场已形成动态平衡和经济的理性选择。如果没有最低消费，5—6 个人（极端的例子 1—2 个人）也会选择 15 个人的豪华包厢而不是嘈杂的大厅，从而导致更大的浪费和经营者的亏损，或发生双方的“强买”“拒卖”纠纷。而市场比政府管制更灵巧地协调双方的权益，价格则是指挥棒。

本月初生效的《使用文字作品支付报酬办法》，将原创作品的基本稿酬标准提高到 80 元至 300 元，这也是政府干预价格的行为。设定价格上限和下限都将影响市场供给与需求，最终未必能实现最佳经济福利。价格上限会引发市场短缺，价格下限会引发市场过剩。在充分竞争的市场中，价格控制往往损害那些它想要帮助的人。近年来，纸质媒体、新兴媒体数量众多如雨后春笋，早已不是改革开放当初少数党报党刊垄断的市场了，文字使用者根据作品质量、自身财力等设置稿酬标准；作者根据写作水平、稿酬高低选择不同的文字使用者。80 元稿酬下限，限制了愿意以低于此价格交易的作者和文字使用者；300 元上限，限制了愿意以高于此价格交易的作者和文字使用者。所幸，稿酬新规在绝大多数情况下是非强制性的。既然是非强制性，又何必煞费苦心地耗费行政资源去制定这样一部《规定》呢？

节假日高速公路免费的决策，实质是政府规定了 0 元的价格上限，因此导致排长队、大堵车等，反而影响了公众的整体经济社会福利。正确的做法是，如果确实认为高速公路收费偏高的话，应该是平时整体降价，而节假日反而利用价格进行分流。

十八届四中全会明确提出建设法治政府。法治政府其核心是有限政府以及限制政府和各级官员过大的权力，政府应放松管制，转变和削减职责，把本属于社会和市场的还给社会和市场。具体到经济领域，首先，政府收回“闲不住的手”，一切理政思维和决策必须摆脱既往的管制思维，充分尊重自由竞争的市场主体行为，遵循市场的力量，发挥市场在资源配置中的决定性作用。如餐饮业“最低消费”只需保障消费者的知情权和自由选择权即可。其次，制定、修改经济领域的法律法规不能局限于法律专家意见，还要让经济学家等社会广泛参与。最后，在垄断市场等市场失灵时，使用政府干预，也不应放弃市场的力量，更多地使用市场手段来解决问题。

4. 明星“天价片酬”究竟该不该管？

据新华社电，年收入过亿、单片酬劳超千万，这已不再是影视界奇闻。最近更有一部改编自网络小说的电视剧《如懿传》号称男女主角片酬合计将超过1.5亿元。主角片酬足够拍一部高规格电影，再度惊动业界。记者追问天价片酬究竟何时才能踩刹车？（《城市快报》，2016年7月24日）

演员片酬疯涨，已经是这几年来影视圈久攻不下的命题，据传甚至国家主管部门还出台了演员“限薪令”，但效果并不理想。明星天价片酬该不该管？该怎样管呢？笔者认为，明星天价片酬实际上是一个工资市场，任何市场都要服从于供给与需求的力量，简单地出台最高工资管制（如演员“限薪令”）恐难奏效，政府不必直接介入某些愿意出天价片酬影视企业的个体决策，但可以从片酬征税、限制演员经济“寻租”、干预市场失灵等角度进行管理。

演员片酬实质上是演员的工资，属于一个典型的竞争性劳动市场，单一的演员和投资商难以垄断价格。决定工资高低有两个因素：一是工资会自发调整，使劳动的供求达到平衡；二是工资等于劳动的边际产量值，即增加每一单位的劳动引起的产量增加。以演出劳动力市场为例，演员的工资价格会自发调整，演员天价片酬最终导致制片方亏损，下次演员的片酬自然就会调低，坚持天价的演员会因为“请不起”而失去市场。演员是一个特殊劳动力市场，不是比力气，更不是比人多，劳动的边际产量值实际上就是他吸引观众关注的能力。影视企业会遵循利润最大化原则，购买其支付工资时有利可图的最大劳动量（明星演员比一般演员劳动边际产量值高）。

有人说，两个主角的片酬占了制片成本的一半，这是不是存在工资价格被扭曲了呢？实际上，影视劳动力市场是一个特殊的市场，不能按照常规的劳动报酬来理解。这就是典型的“超级明星现象”，这种现象广泛存在于演艺界、体育界等劳动力市场，也不仅仅发生在中国。放眼国内外，大多数演员赚的很少，其工资收入甚至还不足以让其过有尊严的生活，但少数明星演员拍每一部片子都能带来数百万美元的收入；大部分人打网球拿不到一分钱，而李娜等体育明星却能以此赚来上亿元收入。产生“超级明星现象”的市场通常有两个典型特征：一是市场上的每一位顾客都想享受最优生产者提供的物品，二是能以低成本提供该物品的技术。电影明星或者说体育明星，他们所在观众中的巨大影响力是其他演员不可替代的，同时电影的拷贝或电视播出的成本较低。可见，天价片酬反映的是“超级明星”的巨大公众魅力。

如果政府有关部门试图通过立法等方式来确定其工资价格的时候，往往就会模糊了正常情况下社会资源的配置。因此，政府不必直接干预演员片酬价格的高低，这毕竟是片商与演员的个体决策，而且还存在自我调节机制。当然，我们也清醒地看到，明星天价片酬所带来的市场失灵：虚高的片酬，在不断吹大影视产业链的“泡泡”，直接表现为电影票价不断上涨；光靠“看脸经济”让电影产业很难可持续发展。政府也不能视而不见，无所作为。

政府虽然不应进行直接的“价格管制”，但仍可以通过其他市场手段进行合理合法的管制：第一，充分用好现有法律手段进行合理调节。例如强化对天价片酬征收个人所得税的力度。按照法律纳税这是天经地义的，也符合调节高收入群体收入的原则。不知道，近年来片酬动辄百万千万甚至上亿的明星们，缴纳了多少个人所得税，税务部门不能失职。第二，出台一些针对高片酬导致的市场失灵现象。例如对商业大片和小成本影视制定不同的税率；利用补贴、财税等政策来鼓励中小成本影视剧的生存空间。文化部门采取加大廉价影院建设、设置影院中小成本排片率等措施，保障民众多层次消费需求。第三，坚决打击演员凭借某种特殊地位进行经济“寻租”，例如影视公司通过股票向演员进行利益输送，侵犯中小投资者利益。第四，构建良好的影院市场。坚决打击基于市场不对称信息的不良行为，例如虚假票房、“粉丝造假”等假数据、假口碑欺骗潜在投资者或观众；采取不正当竞争提高排片率导致一些高成本、低质量的影视盛行。（本文发表于《光明日报》）

5. 以利润率提升民间投资的“温度”

2016 年 1—6 月，民间固定资产投资同比名义增长 2.8%，创近 15 年新低。民间固定资产投资占全国固定资产投资（不含农户）的比重为 61.5%，比去年同期低 3.6 个百分点，比 1—5 月低 0.5 个百分点。日前，李克强指出，激发社会投资活力，要依靠改革的力度促升社会投资的“温度”。

社会投资尤其是民间投资增速回落，成为当前社会广泛关注的问题。笔者认为，民间投资的结构和规模都是由利润率结构和社会平均利润率决定的。提升民间投资的“温度”必须从利润率着手，短期着力提升“预期利润率”，长远则不断优化获利空间，短期举措和长远战略相互结合，才能从根本上解决民间投资下滑的问题。

市场经济本质上就是利润经济，利润的大小决定着资源配置的方向。民间资本没有国企所承担国计民生的政治任务，其投资行为毫无疑问是由净利润（投资决策时则表现为预期利润率）来决定的。如果有合理的利润，民间投资必然活跃起来，反之会抑制企业生产和投资的动力。困扰民间投资的问题很多，但本质上就是利润率下降导致激励民间投资的动力不足。

我们应该看到，利润率下降也是一种经济发展的自身规律。一是市场竞争加剧，市场拓展等费用不断提升。二是经济扩张到一定程度，劳动力、原材料、土地等要素性资源相对变得短缺，价格在竞争性需求中不断上升，甚至超过产品价格上涨的速度。开始时，企业通过规模经济来提升利润率，到最后规模不经济的时候，社会平均利润率下降也就不可避免了。三是随着供需关系的变化，利润分配的重心逐渐转移到产业中的上游企业。而我国多数企业处于产业链的低端，利润率不断被挤压。

利润率不仅仅看绝对值，还要看比较收益。近年来，在实体经济利润率上升趋缓甚至呈现下降的同时，房地产、股市等虚拟经济却呈现扩张态势，其利润率远远超过实体经济。即便是在总利润不变的情况下，也极大地降低了两者之间的相对利润率。因此，实体经济与虚拟经济对资本的争夺中处于下风，上市公司企业一年的净利润不如在北上广投资两套房，这样资本必然流向社会平均利润率更高的行业，从而导致实体投资减少。

那么，为什么今年上半年突然出现民间投资断崖式下滑呢？这是因为宏观投资规模和结构通常是由利润率决定的，两者运行方向基本一致，但也存在一定的时滞。利润率的上升要早于投资的增长，利润率下降也早于投资的下降。这是因为投资计划到实际实施、再到结束，都需要一定的时间过程。

短期来看，无法立马提升社会平均利润率来扩大投资规模，但可以提升“预期利润率”来吸引民间投资。各级政府快速组织一批有较好“预期利润率”的优质投资项目，这是一个能够立竿见影解决民间投资下滑问题的最有效办法之一。例如，广西近日拿出1260亿元规模的基础产业、基础设施、公用事业和公共服务业等项目，专门吸引民间投资；通过加大减税降费的力度、降低电费价格等举措。一句话，凡是能立马提高利润、降低成本的举措，都能大大提振民间投资的信心。

长期来看，实施利润重心向企业倾斜的战略体系，才能真正促进民间投资持续健康发展。一是除少数特殊战略意义的领域以外，对国企和民企要一视同仁，提供同等市场待遇。二是构建良性市场秩序，加大供给侧改革深化简政放权，回归政府的本职，为民间投资提供良好的公共服务。三是要纠正金融、房地产等行业利润、价格扭曲，不断优化民间投资的“获利空间”，防止银行等金融机构“嗜血”实体经济。四是激励企业通过创新提升生产效率和市场能力，不断提质增效。五是以法治、反腐重构社会秩序和经济秩序，引导民间资本从“寻租”转到“寻利”的正常轨道。（本文发表于《广西日报》《上海金融报》）

6. 蔬菜价格上涨慎用“价格管制”

针对近期长江中下游等地出现多轮强降雨天气，部分地方发生严重洪涝灾害，鲜菜、瓜果等农产品价格出现明显上涨的情况，国家发展改革委日前发出紧急通知，要求各地价格主管部门切实做好汛期价格监测预警，加强价格调控监管，保障蔬菜等重要商品市场和价格稳定。必要时，可依法采取临时价格干预措施，防止价格过度上涨。（《中国证券报》，2016年7月11日）

洪涝灾害后出现蔬菜价格明显上涨，应该说是一种正常的市场供给和需求的价格反应。笔者认为，价格调节能调节市场供需关系，一定要慎用行政干预来改变供需关系，尤其是慎用“价格管制”（行政手段制定价格上限或下限），“价格管制”会衍生出其他市场失序的情况发生，比如供给短缺或过剩、黑市、排队、大量的行政成本等。即便需要干预价格，也要用好“市场之手”，遵循市场规律方可事半功倍，而非逆规律而行。

市场比行政管制更能有效率地协调供需双方的均衡，而价格就是指挥棒。洪灾过后，由于鲜菜、瓜果等农产品的供给出现减少，价格上涨是一个正常市场现象，也是市场实现自我调节功能的具体表现。价格上涨，一方面能够适度抑制市民需求，或转向替代品使用，缓解了需求压力；另一方面价格上涨所带来的利润也能刺激商贩们从外地运输贩卖、农户加快生产，增加了供给；这两方面的激励都将使得市场再度回到正常的供需均衡关系，从而价格回到正常水平。这一市场的自我调节功能往往要比行政干预市场的效率要高得多，能够达到最优的社会总福利。

价格管制的成本是昂贵的。价格管制一般来说有两种，规定“价格上限”（最高售价）和“价格下限”（最低售价），这貌似公平的公共决策却会影响市场供给与需求，最终未必能实现最佳经济福利。以鲜菜、瓜果等农产品的供给为例，价格上限影响商贩的积极性，并且市民在稀缺情况下，因为缺乏价格约束仍不会自我调节需求，这样必然会引发市场短缺。相反价格下限（最低限价）则会引发市场过剩。价格管制除了影响供需关系外，还会导致供给质量问题。例如：供应产品质量的退化（俗话说，一分钱一分货），以及黑市、更加昂贵的排队时间成本等问题。同时，政府还要投入大量的行政管理成本。

所以，“价格管制”往往损害那些它想要帮助的人。因此，干预洪灾后鲜菜、瓜果等农产品的“价格失灵”，更多地要借助“市场之手”，而不能直接进行“价格管制”。一是对趁机哄抬物价、囤积居奇等市场“败德行为”，依法严肃惩处。二是充分提供产品供需、价格等市场信息，让市民和农民、商贩根据市场信息采取合适的决策行动。价格失灵往往是由于信息不对称所导致的，政府必须要加强市场信息的供给，例如洪灾周边地区农产品供给量及价格信息，消除市场恐慌等。三是直接从非洪灾区组织、调运相关农产品或替代品，增加市场供给，改善市场供需关系。（本文发表于《新京报》《上海金融报》）

PART 4

外部性问题——市场为何出现无效率

有人不禁要问，既然市场这只“看不见的手”具有如此神奇自我调节经济运行的魔力，那么我们为什么还需要政府呢？为什么在市场经济高度自由的美国，面对次贷危机也屡屡伸出政府“有形之手”？

实际上，市场“看不见的手”并不是无所不能和完美无缺的。一是“看不见的手”施展魔力的前提，需要政府制定和执行那些维持市场经济的政策。比如市场秩序、产权制度。很简单，如果一个农民种下的庄稼会被偷走，那农民必然不会种植和管理；创新的知识产权不被法律保护，那么就不会有个人或企业去投入创新。二是一个人的行为会对旁观者的福利带来有益或有害的影响，即外部性问题，就是通常所说的“公地悲剧”“搭便车”等行为，这会对效率和公平带来影响，需要政府来矫正。最为典型的外部性问题莫过于环境污染。实际上，文艺创作、文艺片市场等领域，往往因为公共品属性等原因而出现的“外部性问题”；“囚徒困境”本质上就是一个信息不完全导致的无效率问题；香烟因为是成瘾性商品导致“市场失灵”，而不仅仅是价格，所以干预价格并不一定能够矫正。

外部性问题是政府干预经济的重要理由之一。但我们也应该看到，政府有时候可以改善市场结果，但并不意味着总能奏效。政府干预同样也因为信息不完全、激励问题等，从而导致“政府失灵”。例如，在产业转型升级中就存在一定程度的“地方政府失灵”现象。

“外部性问题”几乎可以出现在每一个经济领域，比如钢铁等产业中就存在污染等典型的外部性问题，政策制定者可以从征税矫正外部性问题入手，这或许比简单的行政命令更有效率。因此，去产能供给侧改革离不开优化“外部性问题”。

1. 弥补文艺创作中的“市场失灵”

市场并不是万能的。我国文艺工作目前存在的一些问题，许多属于“市场失灵”现象，需要政府发挥好“有形之手”的宏观调控作用，加强良好的公共政策设计和科学的行业管理。

习近平总书记在日前召开的文艺工作座谈会上强调，改革开放以来，我国文艺创作迎来了新的春天，产生了大量脍炙人口的优秀作品。同时，也不能否认，在文艺创作方面，也存在着有数量缺质量、有“高原”缺“高峰”的现象，存在着抄袭模仿、千篇一律的问题，存在着机械化生产、快餐式消费的问题。文艺不能在市场经济大潮中迷失方向。文艺不能当市场的奴隶，不要沾满了铜臭气。习近平总书记的重要讲话在社会各界引起强烈反响和广泛热议。（《广州日报》，2014 年 10 月 16 日）

近年来，市场机制在我国文艺创作和文化发展中发挥出越来越重要的作用。但市场并不是万能的，我国文艺工作目前存在的一些问题，许多属于“市场失灵”现象，需要政府发挥好“有形之手”的宏观调控作用，与市场形成合力，共同营造文艺工作良好发展环境。

正如习近平总书记所强调的，好的文艺作品就应该像蓝天上的阳光、春季里的清风一样，能够启迪思想、温润心灵、陶冶人生。文艺作品的上述功能说明，文化产品具有典型的公共产品外部性特征。所谓外部性，是指某种行为或产品对旁观者福利的影响，表现为给他人带来利益或损害。文化产品有陶冶情操、铸造灵魂的“正外部性”，但也有“负外部性”。比如，一些作品包含“低级趣味”，过分渲染暴力、犯罪技巧、恐怖和鬼怪主题，公开的色情，挑逗性音乐以及千篇一律的情节剧等，虽能“赢得市场”，却给社会发展带来伤害。这些消极影响，仅靠市场自身的纠错力量显然是无法完成的。

此外，随着市场发展和商业机构壮大，“市场势力”“信息不对称”也会导致“市场失灵”。“市场势力”是指个别人或机构不适当影响市场的能力。比如，这些年我国电影市场刮起“大片旋风”，有些作品投资额巨大、“明星大腕”云集，但影片内容或雷同或低俗，结果就出现了“一边票房很好，一边观众吐槽”的怪现象。同时，一些老百姓关注的现实生活题材、聚集民族精华的小成本电影、文艺片等，却因商业规则等原因被边缘化。“市场势力”还往往会导致“信息不对称”。竞争性市场要求信息畅通准确，但一些商业机构凭借实力操纵市场，通过虚假推介、严肃学术作品的戏说、话题炒作等方式吸引受众眼球，对社会的道德观念造成冲击。

经济发展规律告诉我们，市场具有协调众人意志选择的精巧性，但要克服“市场失灵”，最重要的是政府加强良好的公共政策设计和科学的行业管理。

对于我国文艺工作而言，要实现进一步繁荣发展，第一，必须贯彻党的文艺方针政策，把握正确方向，把爱国主义作为创作主旋律，引导人民树立和坚持正确的历史观、民族观、国家观、文化观，将引导人们追求真善美作为文艺创作的永恒追求。第二，法治是治国理政的基本方式，文艺工作同样要纳入法治轨道。政府应对侵犯版权、“搭便车”“公地悲剧”等进行约束，明确对文化产品的产权保护，激励个人或组织提供优质文化产品；也要加大对具有不良社会影响的产品和机构进行治理惩治。第三，应多采用补贴、矫正性税收等政策调节手段，运用市场思维，对文化产业提供赞助、补助、奖励，用降低税赋的方式激励文化产业创新发展、市场开拓等。第四，进一步加强基础性制度建设。如，加强基础设施建设和公共产品扶持，对图书馆、博物馆等公共产品采取财政为主、社会资本为辅的方式；对一些营利性设施采取社会资本为主、政府引导的方式进行。同时，完善文化产业信用体系建设，对优秀原创文化企业建立信用融资制度，对一些违规违法企业实行“黑名单制度”。（本文发表于《经济日报》）

2. 分级诊疗需防“价格失灵”

近日发布的《广东省加快推进分级诊疗制度建设实施方案》鼓励大型医院逐步取消门诊，到2017年，全省县域内就诊率提高到90%左右，基层医疗卫生机构诊疗量占总诊疗量比例达到65%以上，家庭医生签约服务覆盖率达30%，合理有序的就医格局基本形成。（《佛山日报》，2016年5月28日）

我们必须承认，老百姓并不是“受虐狂”，天生就喜欢多花钱、排很长时间队到大医院去看个小病。究其原因，一方面长期以来我国医疗资源投入不足，有限资源向大型医疗机构集中，最终导致今天“大医院实力雄厚，基层医院力量薄弱”的畸形“倒金字塔”结构，基层不牢，大医院不堪重负；另一方面，基层医院待遇差、医疗条件简陋难以发挥所学，医疗专业的大学生宁可找不到工作也不去乡镇卫生院。显然，一纸简单的行政性指令肯定无法建立老百姓心中对基层医院的信任感。

除了行政手段，包括广东省在内的许多省份，在推行分级诊疗时还有一个重大误区：企图用价格杠杆来调整就医行为，例如：付费总额控制、设置不同等级医疗机构医疗服务价格等。但经济学原理告诉我们，影响供给与需求关系的并不止价格一个因素。价格是一般商品供需关系的一个主要调节手段，但医疗服务作为一种特殊商品，医疗质量及安全性在人们心目中的比重显然远远超过医疗价格、服务便利化等其他因素。

其实，我国医疗收费现在本来就是执行分级收费制度的，三甲大医院治感冒的费用远远超过在社区治感冒的费用，但老百姓依然愿意小病挤大医院。因此，使用价格杠杆来调整医疗服务市场的供需关系，以实现分级诊疗的目的，必然会出现“价格失灵”的情况。

因而，推行分级诊疗关键不在价格和行政性指令，而是在于夯实基层医院，加大基层医院的投入，提升基层医院的诊疗水平，只有基层医院诊疗水平真正提高了，才能“吸引”患者。

第一，要改变“大医院大投入、小医院不投入”的做法，加大对基层医院的财政投入的力度，切实增强基层医院的“硬实力”，如基础设施建设，配置先进的医疗设备等，为基层医务人员装备好与大病战斗的“武器”，基层医务人员“赤手空拳”是无力驯服“大病”的。我国目前相当部分乡镇卫生院的基础建设、医疗仪器设备不尽如人意。

第二，以财政投入、政策倾斜，提升基层医院的“软实力”，例如提高基层医务人员待遇、加大基层医务人员培训、对基层医务人员职称评审进行倾斜，等等，目前的情况恰恰相反，一个贫困县级医院的领导曾告诉笔者，因为基层医院副高职称的名额少，很多符合条件的优秀医务人员最终流失到上级医院，名医走向大医院，病人也随之走向大医院。

第三，出台政策引导大医院的力量来提升小医院的实力，比如建立对口扶持制度，上级医院定时、定量到小医院“传、帮、带”，以实现医疗均衡发展。

第四，允许社会资本进入社区医疗行业，并加以政策引导，以弥补财政投入的不足。在规范管理的前提下，积极鼓励民营资本投入特色社区医疗，形成竞争局面，从而促进公立基层医疗机构的服务水平。例如一些口腔诊所、妇产医院在政府没有投入的情况下，满足了老百姓基层的口腔、生育方面医疗需求。（本文发表于《经济日报》《甘肃日报》）

3. “高税控烟”需防价格失灵

自昨日起，烟草批发环节从价税税率由5%提高至11%。这是时隔六年之后，我国再度调整烟草消费税，并按0.005元/支加征从量税。有经销商计算，预计香烟每包价格上涨幅度大约10%，价格上涨可能使消费量有所减少。但高档烟消费者对价格敏感度不高，而对于目前比较畅销的中低档烟来说，每包烟的价格涨幅并不大，所以预计对销量方面带来的实际影响有限。(《北京商报》，2015年5月11日)

对于提高卷烟消费税，有关部门着重描述了控烟的决心及其效果，有专家并提供了精确的数字，每包烟增税1元将挽救340万人生命。政府增加收入，又可以控烟，这种做法看起来非常美好，但实际上真的这么简单吗?

应当说，提高烟草消费税，运用价格的作用抑制需求，是国际公认的最有效的控烟措施之一。但价格并不是万能的，尤其是酗酒、香烟、网络游戏等有害的成瘾性商品，有时候价格调节存在失灵现象。例如我国近年来香烟批发零售价格总体上是持续快速上涨的，相比10年前，价格上涨数倍不止，但我国烟民数量非但没有下降，反而不断飙升，尤其是青少年增长快速。对成瘾性商品，普遍存在消费超支及对价格变化不敏感现象。此次烟草增税，以零售指导价为10元一包的香烟，大约提升10%作用，约1元钱，这对普通烟民甚至是青少年烟民来说，尚构不成“经济威胁”，更抵不过烟瘾的诱惑。因此，过于依赖重税控烟的做法，恐怕难以真正达到减少烟民的目的。此外，行为经济学研究还发现，提高有害的成瘾性商品的价格（对烟酒征收消费税）对沉迷者所产生的影响是很小的，反而对有益的成瘾性商品起到减少消费量的作用相对更大一些。

偏好或嗜好、商品信息亦是影响需求的重要因素。烟草厂商通过巨额广告花费（显性或隐性广告），让消费者获得产品信息并形成偏好，从而诱导消费者的购买行为。我国各种“吞云吐雾”的影视剧以及显性隐性的烟草广告，其诱导效应大大高过香烟价格上涨的控烟效果。虽然我国市场上的香烟盒都印制两种警示标语“吸烟有害健康——戒烟可减少对身体的危害”和“吸烟有害健康——尽早戒烟有益健康”。但没有图片警示，而且字体很小，对消费者缺乏冲击力。而香港地区的香烟盒，上半部分为黑色骷髅头，中间白色大字体印着“香港特区政府忠告市民吸烟可引致肺癌”“香港特区政府忠告市民吸烟可引致阳痿”，非常刺眼。其厌倦效应远比提高1元钱的经济损失大得多。

公益广告、健康提示、禁止广告、控烟运动等教育控烟效果十分显著，在国外往往被置于价格手段之前。把吸烟行为纳入到经济学视角中，人都是“有限理性经济人”；且未来损益存在折现，即未来的收益或损失与当前效用存在缩减。消费者虽然对吸烟危害有一定的前瞻性，但由于信息不完全，事先又不知道戒断成本，在遭遇压力等负效用时出现挫折效应时，在环境等心理因素作用下常常缺乏理性。一个典型的现象就是，烟民上瘾后往往会表现出悔恨的情绪，这是因为当初“有限理性”没有考虑到撤退成本及折现率下降等情况。青少年和低收入群体较易上瘾就是如此，他们的人力资本（身体健康）未来折现率较低，而当前的挫折效应较强。美国自1981年以来，香烟需求量出现大幅度下降，究其原因是人们获得了更多的吸烟危害的信息，以及公共场所吸烟的限制、禁止电台和电视播放香烟广告。

价格上升还会刺激供给增加。一方面，税收的增加会导致香烟未来的价格上升，烟草商绝不仅仅只将税收成本传导到当前价格。国外研究发现，随着烟草税的征收，香烟价格上升速度大于成本上升速度。那么烟草商的供给能力上升，控烟难度加大；另一方面，税收增加加剧了政府对“烟草财政”的依赖。数据显示，去年整个烟草行业为国家贡献了

9110.3亿元的税费收入。有分析认为，今年烟草行业上缴税费总额将超过1万亿元。

总之，从经济学角度来看，高税控烟未必能减少需求，还可能增加供给。在价格调节无效时，我们需要求助于改善社会环境及加强控烟教育，求助于法律和政府的行政手段。第一，立法加大公共场所吸烟的处罚力度。我国目前还没有一部全国性公共场所禁烟的法律，仅有的一些地方性法规内容界定模糊，执法主体不明，执行效果不力。第二，加强宣传教育等控烟运动，尤其是对青少年的控烟教育。第三，全面禁止各种形式的香烟广告（包括可能的擦边球广告）、促销、赞助活动，加大影视剧等的控烟审查力度。第四，烟盒包装必须改变目前形同虚设的警示，采用图片警示、大字体等提升消费者厌恶效应。第五，控制需求与控制供给双管齐下，逐渐摆脱“烟草财政”依赖。（本文发表于《中国商报》）

4. 文艺片“市场失灵”别靠“跪求”来纠正

“扑通”一声下跪，竟然让一部影片起死回生，创造了票房暴涨的奇迹。刚过去的这个周末，吴天明导演的遗作《百鸟朝凤》本来票房惨淡，由于63岁的出品人方励在视频直播中跪求排片，该片意外成功逆袭，最高单日票房破千万元。目前，该片总票房接近2700万元，俨然成了一匹文艺片黑马。（《北京日报》，2016年5月16日）

出品人方励这一“跪求”，近日引发了网络的广泛热议，有人被方励的情怀和义气所感动，也有人认为这是在“道德绑架”。不过，令人欣慰的是，《百鸟朝凤》由此获得了不菲的票房。然而，下一部文艺片还靠“跪求”吗？笔者认为，要加强公共政策的设计，弥补文艺片的“市场失灵”（单纯的市场机制也会发生配置资源无效率）现象，才是文艺片困境的真正解决之道。

文艺片“叫好不叫座”现象，从经济学来看属于典型的“市场失灵”。主要原因有：公共品、垄断、外部性问题、信息不对称以及非价值产品（如毒品）等情况。以文艺片为例，要求艺术元素更多一些，商业片元素更少一些，一定程度上具有公共品属性，公共品是发生“市场失灵”的一个较多的领域。同时，市场机制有时候无法改变经济的外部性。外部性是指一个人的行为对旁观者福利的影响，通常表现为给他人带来利益或损害。例如：习近平总书记曾经强调“好的文艺作品就应该像蓝天上的阳光、春季里的清风一样，能够启迪思想、温润心灵、陶冶人生”，文艺片具有这样的正外部性。而部分商业片则表现出负外部性，如“低级趣味内容”，即过分的暴力，犯罪技巧的描述，恐怖和鬼怪主题，公开的色情，挑逗性的音乐，以及千篇一律的情节剧等。市场有时候无法补偿和纠正外部性。

其次，市场势力、信息不对称也会导致市场机制失灵。市场势力是指个人（或一小群人）不适当影响市场的能力，以电影市场“大片旋风”为例，《满城尽带黄金甲》和《无极》的投资额超过3亿元人民币，《无极》的广告费用将近1亿元，将普通国产影片、文艺片拒之门外。据报道，每年新拍影片近千部，获公映的仅仅30%，大有“武打”“杀戮”一统天下之势，以至于一些老百姓现实生活、民族精华的小成本电影、文艺片难见天日或亏损，少数厂商和导演破坏了我国电影生态系统，导致电影市场无法满足老百姓多方面、多层次、多样化需求。竞争性市场要求信息畅通准确，但事实上市场主体不可能充分掌握信息。例如文化产品虚假推介、严肃学术作品戏说、文化领域炒作等。

克服文艺片的“市场失灵”需要设计好的公共政策。第一，采用以市场为基础的扶持政策，激励文艺片出精品。采取财政补贴、降低税负、对商业片征收矫正性税负等手段，扩大文艺片的生存空间，弥补文艺片与商业片竞争的先天不足，要从供给、市场开拓等环节建立竞争性扶持机制。第二，对文艺片制定特殊的保护政策，避免市场势力挤压文艺片的市场空间。以《百鸟朝凤》为例，并非没有观众，而是院线不排片。院线出于获利的动机往往更加青睐商业大片，出于公益性目的适度地对院线排片进行指导、调控。第三，矫正市场势力的垄断，释放文艺片的市场空间。商业大片凭借资金的优势肆意侵占文艺片的生存空间，应当通过政策、资金鼓励建立文艺片专门的院线、片场，让文艺片爱好者能够畅通获取市场信息（即放映文艺片的地点）。第四，创新文艺片的市场渠道，鼓励文艺片不能"吊死在一棵树上"，建立"互联网+文艺片"的市场盈利模式，摆脱单一靠院线的困局。（本文发表于《湖北日报》《深圳商报》）

5. 警惕产业转型升级中的"地方政府失灵"

从"市场失灵"到"政府失灵"：西方主流经济学的中庸之道

回溯西方国家度过上个世纪经济大萧条的经验，首推凯恩斯"有效需求理论"取代古典经济学通过市场机制自发调节要素配置的"萨伊定律"，即通过强有力的政府宏观经济调控纠正市场自发生成导致的资源配置无序状况，也就是通常所说的"市场失灵"。这个理论占据主流后，马上引发了自由主义学派的强烈反对：如果市场不能通过看不见的手调节生产，那么政府是否一定能够做到？比如理性预期学派就认为，民众会对宏观政策产生先决性的预期，导致宏观政策的有效性难以保证。

然而在经济大萧条和战后经济复苏的背景下，宏观调控发挥出了超乎想象的巨大效力，市场经济与宏观调控的有机协调成为世界各国经济发展的共识，主流经济学也在二者之间寻找到了自身发展的合理定位。但随着全球经济步入信息技术和互联网引发的持续快速发展期，政府对于经济发展的干预幅度、范围和手段都达到了前所未有的高度，这又引发了新一轮对政府调控的质疑。新政治经济学派就强调，在平稳经济增长时期，政府，特别是地方政府已不再局限于通过“扶持之手”来解决市场机制这个“看不见的手”失灵的问题，而是倾向于采用“掠夺之手”来干预经济，通过发展地方经济为自己获得政治资本，此时就不可避免会发生“政绩工程”甚至滋生腐败行为。

事实上，西方主流经济学对政府宏观调控认识的变化一方面是基于外部经济环境变迁带来的压力；另一方面也是对政府行为认识不断深入的结果，其最终困境就是要在市场机制和政府调节之间寻求一个合理的度，让“看不见的手”和“看得见的手”握在一起。

从“手段有限”到“调控冲突”：产业升级中政府调控失灵的具体表现

改革开放以来，中国在从计划经济向市场经济转型的过程中，地方政府逐步拥有了更多的自主权，对区域经济的发展起到了越来越大的作用，这在分税制改革后体现得尤为突出。分税制改革前，中央政府通过财政体系统筹安排全国税收收入，地方政府发展当地经济往往受制于财政资金的约束，而统分的税收体系难以将地区经济发展水平和财政资金之间建立有效的联系，使得地方政府缺乏发展地区经济的积极性。实施分税制后，地方政府拥有了更多的可支配资源，伴随着地方政府公务人员专业水平的提升和信息传递速度的加快，地方政府对本地经济发展的指导性也达到了相当高的水平，协调发展地方经济的手段趋于丰富和完善。但是，地方政府调控能力的提升是一把“双刃剑”，很大程度上也加大了政府调控失灵的程度。

“手段有限”是政府调控失灵的集中表现。尽管地方政府协调区域经济的手段日益丰富，但本质上都是过度依赖财政转移支付。无论是对落后产能进行淘汰还是通过招商引资带动地区产业升级，地方政府往往采用税收优惠、土地政策、各种补贴等方式影响企业成本，形成推动产业升级的原动力。这种举措在改革开放初期，经济总量不高、土地等资源丰富的情况下非常有效，但随着地区经济总量的增长和土地等要素资源日益稀缺，有限的财政补贴对庞大的经济总量而言显得微不足道，调控失去应有的效力。而地方政府为了增加调控的有效性，就不得不加大财政投入力度，为此就要拓宽财政收入来源，由此引发税费、土地价格的上涨，使得调控最终失灵。

“手段有限”所表现出的是政府调控能力整体有限与市场机制大环境不够健全引发的效率缺失，而“调控冲突”则是由政府调控能力局部过强造成的。为了发挥专业化的分工优势，地方政府对应中央政府的部门归属，将产业转型升级工作划分到具体的部门，每个部门各司其职，立足自身视角开展工作，此时部门协调就成为制约工作成效的关键。以县域经济为例，产业升级就涉及发展局、经贸局、土地局、信息化局、规划局等众多部门，各个部门往往通过制定产业发展规划的方式统筹相应的工作，但不同规划之间的衔接存在很大困难，“调控冲突”难以避免。这种冲突既表现在对于土地用途、公共设施构建、区域空间布局之间的定位冲突，还表现在发展先后序列上的时间冲突，部分区域还存在领导班子调整带来的思路冲突。县域层面的调控冲突首先影响的是基层政府办事人员的效率，比如，在镇、街道层面往往是一个办事人员对应多个上级部门，没有统一的意见是难以有效执行的。为了减少冲突，各个职能局室倾向于立足原则、方向的大线条方式制定发展规划，以减少相互之间的调控冲突，但这同时又增加了操作上的灵活性，难以保证政策的实际效力，从而出现政府失灵现象。

从“协同创新”到“局部调节”：地方政府推进产业升级的有效路径

在主流经济学的基础上引入管理学的实用主义视角，我们可以发现，“手段有限”所暴露出来的是地方政府发展思路上的有限而非手段的不足，而“调控冲突”所体现出的是地方政府政策制定和执行过程中协同力的不足。面对产业转型发展的新情境，地方政府要敢于通过协同创新和局部调节相结合的方式，用新的思路和手段推进产业升级。

具体来讲，在地方政府的具体工作中可以从目标协同、流程协同和资源协同三个层面引入创新的理念和方法，提升政府效能。目标协同强调地方政府要形成自身区域特征和产业发展趋势协同的转型升级目标，并非一味引入高新技术和战略性新兴产业，而是要注重对传统优势产业的引导和提升，深入分析优势产业背后蕴含的技术基础和人文底蕴，用前瞻性的眼光确定升级方向，并在政府不同职能部门中达成共识。流程协同注重政策制定和执行过程中的部门协同和机制协同，探索政策制定前的集中调研，制定过程中的意见征询、听证以及集中审议制度，政策实施过程中的联席通报和绩效评估制度，为协同创新提供保障。立足资源协同的创新视角，地方政府可以采用技术采购的方式，用有限的资金委托大企业利用自身资源优势进行研发，然后采用低成本的方式出让给区域所有企业，带动整个区域的产业升级和发展。

提升地方政府调控的有效性，还要注重局部环节的有效调节，这些环节尽管不直接产生经济效益，但往往是产业升级的重要约束条件。其中，环境是首先关注的问题，可以通过有效的环境标准监控、资源补偿和碳交易系统的调节作用，为产业转型提供自然保障体系。安全系统是产业升级过程中的社会保障体系，特别是工业生产安全、食品卫生安全体系是地方政府重点调节的领域，也是地方政府保持公信力的基础。企业社会责任与政府行为规范的调节是产业结构升级过程中的伦理基础，地方政府只有通过核心价值体系的贯彻，才能切实提高自身的效能，杜绝腐败。（本文发表于《光明日报》）

6. 市场博弈如何走出“囚徒困境”？

随着极富传奇色彩的1994年诺贝尔经济学奖得主纳什与夫人上个月遭遇车祸身故，有关博弈论及其重要理论纳什均衡的争议又成为学术界热议话题。纳什是奥斯卡获奖影片《美丽心灵》的原型，在电影中，我们能看到这个天才的与众不同。他在那篇仅仅28页的博士论文中提出了一个重要概念，也就是后来被称为“纳什均衡”的博弈理论。（新华网，2015年5月25日）

国内媒体对纳什的离世予以了广泛报道，在我国普通公众中引发关注。实际上，普通公众对纳什的了解更多来自电影《美丽心灵》。这部根据他生平故事改编的电影只是展现了纳什错综复杂的一面，并没有深入探究他在数学、经济学等领域的杰出成就，因而，普通公众对“纳什均衡”还比较陌生。其实，著名的“纳什均衡”彻底改变了人们对竞争和市场的看法，“囚徒困境”就是其中最为经典、最广为人知的案例。在市场竞争中，个人、企业等自由经济行为存在广泛的“囚徒困境”博弈问题，如诚信或欺诈、公共产品的供给、经济改革本身等。那么市场竞争如何走出“囚徒困境”？

几乎没有一本涉及博弈论的书不举到“囚徒困境”的例子。警察告诉两个囚犯：如果两人都坦白，各判8年；两人都抵赖，各判1年；1人坦白，1人抵赖，坦白的放出去，不坦白的判10年。纳什均衡就是每个人都选择占优战略：“坦白”，因为都抵赖不满足个人理性要求，不是纳什均衡，这深刻揭示了个人理性与集体理性的矛盾。

“囚徒困境”广泛存在于市场竞争中。在我国经济领域，比如牛奶行业三聚氰胺事件等，“杀鸡取卵式”办企业，没有信誉和创品牌的意识，结果导致我国企业整体竞争力下滑；在环境污染问题上，如果政府没有管制，企业为了追求利润最大化，在牺牲环境或是增加环保设备投资选择上，都会选择利己的“占优战略”，选择不顾环境的“纳什均衡”；在公共产品供给问题上，如果大家都出钱兴办公用事业，那么所有人的福利都会增加，问题是“囚徒困境”最优选择都是“不出钱”；在许多改革中，改革者要付出成本（包括风险），但改革成果却大家共享，结果是人人都认为改革好，却没有人真正改革；企业选择诚信问题，诚信需要付出成本，因此在市场交易中，企业自由博弈的最终选择结果也是欺诈，虽然最佳结果都不是同时选择欺诈策略。

“囚徒困境”中的纳什均衡揭示了“看不见的手”的局限性：从利己目的出发，结果损人不利己，最后既不利己也不利他，也就是经济学中常常说的“市场失灵”。市场竞争如何避免出现损坏集体福利的“囚徒困境”呢？

第一，通过制度安排，将“理性经济人行为”长期化。短期效应在我国经济改革中是一个比较常见的通病，比如政绩工程等，避免纳什均衡一个最为有效的解决办法就是建立永不间断的重复博弈机制。通过制度设计将政府行为长期化，多采取一些放水养鱼的财税、金融政策，不可竭泽而渔。同时，政府在引导和调节市场的时候，建立完善的市场制度，比如产权制度、补偿机制等，鼓励市场经济中的各个主体行为追求长期化利益。

第二，让博弈双方拥有更多对方的公共信息。市场行为存在大量信息不对称，是“囚徒困境”产生的基本前提。博弈双方只有充分接触、信息沟通，才能够避免在相互之间传递虚假信息和动摇合作信心的“警察”的干扰。当然，有的时候纳什均衡对整个社会来说是一个好事，尽管它对该集团成员是一件坏事。比如垄断企业的产量、价格博弈，前述的囚犯等，那么就要通过制度设计阻止他们的信息交流，用法律惩戒基于信息交流的“合谋”，其前提是集体成员的数量严格小于全体社会成员的数量。

第三，引入惩戒机制，对不法、不良经济行为予以惩戒。如果设置一个机制，只要对“囚徒”不合作实施足够可信的惩戒，就可以使得“囚徒”的行为转向合作。如政府加强污染管制，企业才会采取低污染的策略组合。

第四，从企业微观的层面来讲，要重塑合作竞争的新理念。纳什均衡告诉我们一条真理：市场竞争中，合作也是有利的“利己策略”。竞争对抗性只能使得“两败俱伤”，现代经济活动强调合作的重要性，实现双赢的非零和博弈。这对“合作共赢”为我国外贸企业在国际市场竞争中注入了崭新的思想。

纳什在与多舛的命运博弈中找到了均衡，纪念大师最好的方式就是了解博弈论。博弈论的奥秘之处远非本文能够叙述，“囚徒困境”也只是博弈论中的一个方面而已。在不同领域有着不同内涵和表现形式，我们要深入研究并合理运用，使之更好地服务社会。

PART 5

减税、PPP 模式——“供给侧”经济增长之源泉

减税、PPP 模式无疑是当前“供给侧结构性改革”中的热门话题。

税收是一个古老的经济范畴，已经有几千年的历史了。但在现代经济学体系中，税收已不再是简单的“为政府筹措资金”，而是成为一个重要的宏观经济调控的工具，与经济增长、资源配置等直接密切相关。减税或增税的“激励”将对人们的行为产生“鼓励效应”或“阻碍效应”，其表现形式主要为热衷或者不愿意从事某项活动。比如民间投资、消费需求、资源配置等。“薄利多销”“放水养鱼”，减税降费当然不是一桩赔本的“买卖”！

如同货币政策不能“大水漫灌”，减税降费等财政政策同样不能“一刀切”。“供给侧结构性改革”要求文章重点做在“结构性”上。一是精准减税，为“结构性”优化拓展更大的降税空间。如“积极财政政策”精准“积极”、确立“包容性税收”原则、社保费率定向对实体经济减负等。二是在降低宏观税负的前提下，针对一些特定领域，适度“增税”也是“供给侧”补短板的需要，比如适度开展遗产税等财富税。值得一提的是，“向富人征税”，是一项总能让公众大快人心的决策，但同样不能竭泽而渔，奢侈品消费外流就是最好的例子。

PPP 模式在当下用“炙手可热”来形容一点都不为过，笔者只想说一句：通过 PPP 模式，提升公共品供给的效率和效益才是根本，不能异化。

1. 警惕地税清缴风暴“落井下石”

地税部门正在自发掀起一场史无前例的税收清理“风暴”，即将暂别历史舞台的营业税，是这场清税“风暴”的核心。这场营业税清理“风暴”预计持续至今年5月1日。营改增后，地税对建筑业、房地产业、金融业和生活服务业这四个行业即将失去征管权，以后再清理应缴未缴税款时，企业可能不会很配合，这是最后的时机。(《经济观察报》，2016年4月10日)

这场地方自发的集中清税行为，毫无疑问是源于即将实施的“营改增”政策的实施，因为“营改增”之后一些原本属于地税的“收入”会带到国税部门，地税部门抢食“最后晚餐”。不过，突击税收清缴可能在短时间内加重企业缴费负担，从微观的角度来看，有可能成为一部分原本“奄奄一息”的企业的“断头饭”；从宏观的角度来看，有可能会对稍有起色的下行经济进行“落井下石”“伤口撒盐”，有关部门必须尽快叫停运动式清税行动。

地税部门突击性税收清理风暴，有违“营改增”减轻企业税负、抵御经济下行压力的初衷。全面推开“营改增”试点，这不仅是完善我国现代税制，更是一项推动产业转型、结构优化和经济稳增长的重大减税措施。“不仅有利于国家税制统一，也有助于减轻企业税负、抵御经济下行压力。”正如李克强总理强调的，减税也相当于“放水养鱼”，让大多数企业受惠，最后实现“爆发式”增长。显而易见，“放水养鱼”绝不是先让地税“干水抓鱼”，之后再让国税部门来重新“放水养鱼”。

地税部门突击性税收清理风暴，加剧了企业短期的现金支付负担。据悉，每次要实施“营改增”改革的行业，地税都要先清理应缴未缴的税款。2015年一些地税部门公开的数据显示，安徽省池州市在 2015 年 4 月组织营业税收入 13523 亿元，增收 2103 万元，同比增长 18.4%；广西桂林地税在 2015 年的 1—4 月，营业税专项清理工作共补缴营业税 3625 万元，占同期营业税增收的 64%。这无疑在短时间里加重了企业现金支付负担，现金流往往是企业“压垮骆驼的最后一根稻草”，有时候几十万现金支付不出，就可能导致一家大型企业轰然坍塌。马云说过：“后天很美好，但是绝大多数人死在明天晚上看不到后天的太阳!”切莫让地税部门的“最后晚餐”，使得一些企业看不到“营改增”的“太阳”。

当然，叫停地税“最后晚餐”，不能仅仅靠一纸“叫停令”。应该说清税行动中包含了地方财税的利益诉求和对地方财税收入的焦虑。此次将建筑业、房地产业、金融业和生活服务业四大行业全部纳入“营改增”，这意味着营业税从此将彻底退出历史舞台，地方财税部门的清税行动在情理之中。

因此，除了立即叫停地税部门运动式清税行动之外，还要充分考虑各方现实利益诉求：首先，还应当明确过渡期及历史时期的营业税仍按“老办法”，以今年 5 月 1 日为时间节点，即便以后追缴的偷税漏税仍归属于地税部门，从源头上减少地税部门“大鱼小虾捞最后一网”的利益驱动。其次，应当尽快明确未来地方税收入来源，特别是央地财政关系和税收收入划分，等等，建立与事权相匹配的财税收入分配改革，纾缓地方财税收入焦虑。最后，建立与减税措施相匹配的地方财政收入增减的合理机制。GDP 不考核了，“所有行业税负只减不增”，但地方财政收入如果不相应减少的话，那么，为企业减负将有可能成为“海市蜃楼”。地方财政收入增加必须与企业数量增加、企业利润增加等指标相适应，防止收“过头税”。（本文发表于《中国商报》《上海金融报》）

2. 消费税改革不只是“收钱”的事

日前，财政部、国家税务总局调整了成品油等部分产品消费税政策。今年消费税调整迈出了第一步，而更多的改革举措还在酝酿中，记者获得的两份官方研究报告建议，未来消费税要继续扩大征税范围。（《云南信息报》，2014 年 12 月 3 日）

消费税改革一石激起千层浪，企业和消费者在盘算着政策调整带来的成本变化，而一些财税学者和地方政府关心的则是中央与地方政府“收钱”与“分钱”上。笔者认为，消费税改革不只是“收钱”的事，必须考量我国产业结构调整优化、制造业的竞争力、总供给总需求、能源等资源的合理配置等问题，同时还要特别注意税收归宿、税负承受力、技术创新激励等。

再美好的改革意愿不能东向而望，不见西墙。经济全球化背景下，一味地将环境成本等强加于企业必然顾此失彼。石油的价格下降，页岩气热潮使得美国的天然气价格低至法国的三分之一，大量的公司正在搬回美国，美国利用廉价能源重塑全球的新格局。笔者 12 月 3 日从网上查到的数据，美国石油价格跌破 3 美元每加仑（约 3.8 升），我们不能简单地计算美元汇率，从居民收入、购买力等比较来看，我国石油价格已经相当高了，所以认为我国成品油价格消费税与国际相比仍有较大提升空间的观点是有失偏颇的。我国目前工业电价甚至超过美国、韩国、瑞典等发达国家，发达国家廉价能源已削弱了我国制造业的比较优势与国际竞争力。能源领域的价格改革、消费税改革必须正视国际环境的变化，从改变我国能源领域的价格扭曲着手，重塑我国制造业良好的产业环境。税收支付能力原则认为，所有的公民都应该作出“平等的牺牲”来支持政府，在充分考虑能源的刚性需求之外，共同承担节约资源、生态环境的义务，比如居民电价实行阶梯电价之后，适度分担工业电价的成本。

税收的激励改变总供给与总需求，税收扭曲激励将带来无谓损失，即纳税人的经济福利减少超过政府筹集得到收入部分，人们根据税收的激励，而不是根据他们所买卖的物品与服务的真实成本与利益配置资源，从而引起的无效率，这也是消费税改革必须正视的问题。当前，我国经济面临巨大的下行压力，消费税改革不应该被当成一种创收的工具，我国当前不仅仅需要结构性减税，更需要总额减税，释放总供给及总需求，刺激经济活力。

“向富人征税”是一项总能让公众大快人心的决策。但承担税收的人并不总是从政府收到税单的人，税收归宿往往取决于消费弹性及替代品等因素。以奢侈品为例，以为是向富人征税，但因需求弹性大，损害的往往是生产或销售这些产品的厂商、工人、零售商，并且所得税收金额并不会如预期的多。例如目前手表等商品因为国内价格高昂，消费者大量在国外购买，影响了国内消费需求和税收流失。20 世纪 90 时代，美国议会曾针对游船、个人飞机、宝石、皮草等高档消费品征收奢侈品税，后来发觉效果与预期出入非常大。不赞成者不是富人，而是出产奢侈品的工人。因为需要减损，奢侈品牌公司着手减员，这些行业的职员大部分本来就是归属财政帮忙的对象，反受其害。最后美国议会取消了奢侈品税。

公众这次最为关心的焦点是，所增收的收入如何使用？能源补贴似乎是无法回避的话题，近年来对中石化等高额补贴一直为公众诟病。越来越多的国家正在减少能源津贴，用更灵活的方式帮助穷人，平均而言，能源补贴对于富人的帮助是对穷人帮助的 6 倍。我国能源领域的消费税新增收入当以美国在页岩气的巨大投入为师，大部分用于激励节能技术进步。技术进步不仅能规避消费税带来的成本提升，还能抢占行业的技术制高点，提升我国产业竞争力。

近年来，我国经济持续高速增长，积累的矛盾与问题愈发尖锐，推动结构调整、转变增长方式、生态文明建设迫在眉睫。对消费税范围及税率进行改革，引导相关产品的生产和消费，充分发挥财税在资源节约、环境保护、收入再分配等方面的调节功能，是当前经济社会发展亟须之举，更是我国宏观经济取向的大势。改革意味着利益调整，受到影响的企业怨怨艾艾是不明智的，只有尽快让自己实现产业转型、技术升级才是应对消费税改革的最佳、最现实的路径。(本文发表于《经济日报》)

3. 奢侈品消费外流需减税打假

奢侈品研究和顾问机构财富品质研究院 1 月 31 日发布《2014 年中国奢侈品报告》，称中国消费者奢侈品消费外流到了极为严重的地步，76% 奢侈品消费发生在国外，且国内市场上假货可见度是真品 6 倍以上。由此，盯住中国消费者，但却不重视中国市场，已成很多国际品牌管理者的普遍心态。(《长沙晚报》，2015 年 2 月 2 日)

随着消费税改革不断推进，奢侈品是提高征税还是降低税负，财税官员和财税学者一直存在两种截然不同的观点而引发激烈争议。76% 奢侈品消费外流再次成为社会各界关注的热点话题。

支持提高征收“奢侈品税”的官员和学者认为，奢侈品在生产过程中消耗了大量的资源，高征税是理所当然的，更重要的是当今贫富悬殊很大，通过高征税可以让富人的消费转化成对国家财政的收入，以补贴给其他社会公众，一方面能使税收功能得到更公平的体现，有效抑制奢侈性消费；另一方面通过税收实现再次分配，对解决日益扩大的收入差距、平衡社会各阶层利益也起到积极作用。征收“奢侈品税”往往容易赢得大多数老百姓的支持，毕竟“挖富人的钱”“劫富济贫”，实现所谓的社会公平更能占据道德的制高点。

而呼吁降低奢侈品税负的学者认为，抑制奢侈性消费、促进合理消费、缩小贫富差距的愿景都是虚幻的，美好初衷在现实中很难达到预期目标。其一，富人可以通过境外购买、海淘、代购等手段，规避征税。其二，奢侈品价格虚高，更催生了攀比性、炫耀性消费的畸形增长，有些消费往往价格越高需求越大。其三，激活境内奢侈品市场并没有什么坏处，尤其是我国居民收入增加后亟须消费结构转型升级，有利于居民生活水平和心里幸福感的提高。再说，现在身背名贵包包的白领也不是真正意义上的“富人”，他们仍在坐地铁、挤公交，对他们征税显然不是什么“劫富济贫”。大量的海外代购一定程度上破坏了市场经济秩序，虚假代购给消费者造成了财产和身心健康损失。

争议似乎各有道理，但笔者认为，2014 年高达 76% 比例、金额达 810 亿美元的巨额奢侈品消费外流，像是一组经济实验数据提醒我们，过大的境内外价格差导致了内需外流；单纯地从增加财政收入提高税负，可能导致“竭泽而渔”；最终影响经济活力，我国亟须将奢侈品税负降低到合理水平。

首先，我国奢侈品税费有下降的紧迫性。高税负抑制了国内消费提升，消费外流导致附加的各种红利也同时外流，长期来看严重阻碍了我国经济健康发展。有关调查显示，四分之三的消费者表示，奢侈品售价远低于国内是驱动境外消费的重要原因。2014 年，我国 GDP 增幅放缓，今年国家和多个省份都调低了 GDP 增幅目标，除了适应经济“新常态”以外，消费疲软是一个非常重要的因素。奢侈品消费是我国境内消费的组成部分，每年巨额的消费外流，对拉动 GDP 的增长是不利的。2013 年，中国人通过海淘、代购、旅游购物等方式，在境外购买商品的消费金额共计约 6000 亿元，这应该包括非奢侈品的国际品牌的消费。按照税收的“效率原则”要求，政府征税，包括税制的建立、税收政策的运用和整个税收管理，都需遵循效率原则，应有利于经济效益的提高或者对经济效益的不利影响最小。

其次，我国奢侈品税费有下调的空间。据统计，中国内地的奢侈品价格远远高于境外的价格水平，要比香港高45%左右，比美国高51%左右。而过高的奢侈品征税是拉大购买成本差的主要原因。举例来说，在中国，奢侈品作为进口高档消费品，一般需要缴纳6.5%—18%的进口关税、30%的消费税以及17%的增值税。比如某人购买了一件高档奢侈品，假定奢侈品本身价格加上运费和保险费（CIF）一共10000元人民币，那么在进口过程中，所需要缴纳的税金合计8887元人民币。

最后，设置合理的税率，使价格与国外差距不足以导致消费外流之后，仍不意味着万事大吉，就能够提振国内奢侈品消费市场了，政府还需维护奢侈品市场秩序，大力打击假冒伪劣的奢侈品生存空间；由于有些国家为了鼓励国外消费者，实行的是免税政策，显然国内奢侈品征税不可能降低到免税程度，所以要在入关时征补一定额度的税款，海关部门要加强执法检查力度，否则对国内客商而言是不公平的。（本文发表于《经济日报》《长沙晚报》）

4. 减税降费并不是一桩赔钱的买卖

昨天，十二届全国人大三次会议在北京人民大会堂举行记者会，国务院总理李克强会见中外记者，并回答记者提问。李克强总理再次提出，要进一步减税降费，让这些企业轻装前进。（《北京日报》，2015年3月16日）

在市场经济条件下，税收不仅仅是政府取得收入的最主要形式，还是一个重要的经济调节工具，起到调节总供需、稳定经济发展、调节经济结构、调节收入分配、合理配置资源等重要作用。笔者认为，政府减税降费并不是一桩赔钱的买卖，我们应当充分用好税收“四两拨千斤”的经济杠杆作用，为企业减轻税负，促使经济稳定发展。

第一，减轻税负有助于培植税源。清代思想家魏源认为：善赋民者，譬植柳乎！薪其枝叶，而培其本根；不善赋民者，譬剪韭乎！日剪一畦，不罄不止。简单说，不能只考虑征税，而首先考虑培植税源。税收作为现代经济的有机组成部分，既受经济的制约，也能够反作用于经济。著名的“拉弗曲线”提示我们税负水平有一定限度，税负过高有时候反而导致税收收入减少，税收的负激励作用，使得厂商减少或停止生产活动，从而形成无税可征的局面。李克强总理在年后的第一次国务院常务会议上说得很直接，为企业减免税负可能会暂时减少财政收入，但却可以帮助企业渡过难关，是“放水养鱼”，长久来看是在涵养税源。

第二，税负增减也应主动适应当前经济“新常态”。前不久，各省市召开的两会普遍调低了 GDP 增长率，以适应经济“新常态”，但没有看到相应调低税收增长、财政收入等增长指标。从税收理论来看，税收“内在稳定器作用”应该是经济增长税收高，经济增长慢税收下降，从而发挥税收本身对经济的内在稳定机制。但设定税收增长率等硬指标，破坏了税收的“内在稳定器作用”。据报道，2014 年全国税收收入 103768 亿元（已扣减出口退税），比上年增长 8.8%，并首次突破了 10 万亿元大关，明显高于同期 GDP 7.4% 的增幅。需要特别提出的是，税收是真金白银，而我国 GDP 水分究竟几多，却是一个无人知道的“黑箱”。年前，新华社报道称，一个小小的湖南省衡山县，5.8 亿元的产值上报为 44 亿元，1.1 亿元的主营业务收入上报为 7.8 亿元。

第三，减轻税负是经济“相机抉择”的现实需要。我国宏观税负、微观税负是否过高，企业税负是否最优，等等，理论模型太过复杂，且“一千个读者就有一千个哈姆雷特”，我们姑且不去讨论。税收理论的“相机抉择”作用告诉我们，经济过度繁荣，应采取增税措施，经济增速缓慢应采取减税措施。当前，我国经济形势异常严峻已经成为社会各界共识，无论税负过重抑或适中，都应该采取减税措施，扩大社会总需求和总供给，克服经济波动，实现充分就业、经济持续稳定发展。

第四，减轻税负能有效弥补货币政策的逐利性等缺陷。货币具有天然的逐利性，总是向着高盈利方向流动，无论出台多少严厉的行政举措，实业不赚钱，资金都无法真正流入实体经济，最终都将流向房地产等虚拟经济，导致泡沫加剧。退一步来说，即使进入实业，在负担过重、公众消费乏力的情况下，实业不能赚钱，就等于给一个不能造血的病人不断输血，造成问题会更大，银行不良贷款更多。想办法让实业赚钱、民众有钱消费才是硬道理，减税降费让钱在民众、企业中流动，比政府低效率投资经济福利更大。此外，“货币中性理论”“财政政策挤出效应”等，将导致货币政策、单靠增支的财政政策无力或落空。（本文发表于《中国青年报》）

5. 美国“含税油价”真的比中国高吗?

国家发改委再次上调汽油柴油价格。发改委表示，成品油的销售价格分为“裸价”和“税”，按销售价格算，美国全国平均6.38元人民币，加州7.02元人民币（均按现行汇率计算），略低于我国，但如果按不含税的价格算，全美平均5.64元人民币，我国为4.66元，还是低于美国的。且我国的油价远远低于欧洲，可以说，除了产油国，我国成品油的不含税价格是最低的。(《新闻晚报》，2012年5月25日)

美国“含税油价”真的比中国贵吗？一个基本的常识是，在比较两个国家之间的物价高低时，不能简单地看数字高低，而是购买力。尤其不能将美国的物价按照现行的汇率折算成人民币，然后再进行比较，这样比较是不公平的。笔者认为应该按照同一人群的收入水平，计算相同物品的购买力。这才具有可比性。

笔者2007年国庆节前后在美国专门就物价进行了一番比较，我当时问的是美国西北大学一个华裔助教。我问他美国全国城市人口工薪阶层的月收入是多少，他估算应该是2000元美金，应该绝对不超过3000美元，我记得当时中国全国城市工薪阶层平均工资应该不超过2000元。在这个基础上比较购买力，显然具有合理性。美国工薪阶层不到一年的收入，可以购买一部中档轿车，而中国工薪阶层可能需要花数年才能购买。在美国超市质量不错的进口法国红酒，基本上在 10—20 多美元，很少有上百美元的。啤酒 1 美元一瓶，笔者买了一双 50 美元的皮鞋穿了两年多，一件 POLO 衬衣仅仅 10—20 美元。笔者在芝加哥一个商场看上一套西服 300—400 美元，据说这是美国人很少的奢侈消费。如果是剪刀等很多小物件，美国超市一般 1—2 美元，中国可能是几元人民币吧？我记得当时汽油价格好像 1 加仑不到两美元，而我在网上搜到的换算方法是：1 美加仑 =3. 785 升。即使算上汇率也比中国便宜。再回头看看 2007 年的中国，城市工薪阶层同样拿 2000 多元人民币，买的是什么物价，50 元的皮鞋能穿吗，能穿多久？10 多元的红酒或许最基层的人都喝不进口。10 多元的衬衣是怎样的，民工或者农村农民穿的价格都不止 10 元，一套像样的西服不得近千元吗？美国人工贵，物价并不贵。笔者当时还问了一个问题，如果一个家庭自己动手做饭，一个月生活费大约就是 100 多美元，不会超过 200 美元，而且吃得不差。中国当时应该远不止 100 多元人民币吧。笔者这里指的美元价格都已经含税。

我觉得，稍作比较中国的物价绝对不会比美国便宜。汽油就更不用提了。（本文发表于《人物画报》）

6. 社保费率应定向对实体经济减负

日前有媒体报道，中国社保支出占个人工资的四成多，北京一名平均工资水平的职工 30 年里企业和个人缴费近百万元。中新网财经频道记者统计，在这笔高达百万的支出中，理论上企业负担的部分超过总额的七成。有调查显示，超过半数的企业感觉社保负担重。（中新网，2015 年 5 月 21 日）

社保费率高、企业负担重一直是社会高度关注的话题，在稳增长背景下，企业和专家多次呼吁我国企业和个人社保费率适度下调，有关部门也作了相应回应。笔者认为，制造业、金融业、房地产等不同的行业对于社保费率承受力完全不一样，在养老金存在较大缺口压力的情况下，全面大幅度降低社保费率显然不现实，但要“好钢用在刀刃上”，完全可以采取定向对小微企业、制造业等实体经济灵活降低社保费率，提升实体经济活力。

我国社保费率高企已经危害到实体经济健康运行。我国基本养老、医疗、失业、工伤、生育五大险种的总费率已超过40%，有的地区甚至达到50%。人社部也公开承认确实偏高。当前，世界上173个国家的社会保险费率中，我国位居第13位。较高的社保费率直接提高了企业的劳动力成本，有研究表明，制造业劳动力人均工资年均复合增长率已经超过了劳动生产率的年均复合增长率，已经危害到我国在国际市场上的竞争力。笔者前不久在东莞等地调研实体经济，许多劳动密集型企业主也反映高企的用工成本已经让企业越来越难生存了。

我国社保缴费率高一个重要原因是还历史“欠账”造成的，国企和机关事业单位以前的老员工未缴费视作缴费，享受社保待遇，现在由企业新一代员工缴费还历史旧账，这显然有违代际公平原则，这个问题应该以增加社保占财政支出比重来逐步解决。我国社会保障支出占财政支出比重偏低，国际上通常采用“社会保障支出占财政支出的比重”来衡量各国政府的社会保障财政责任，发达国家在30%—50%之间，比如日本，一直是政府财政补贴支撑着公共养老金体系，2013年光是养老保障支出一项就占财政总支出16%。我国社保“十二五”规划也要求，各级财政将社保支出占财政支出的比重提高到25%左右。但有数据显示，目前整个社会保障（包括社会保险）支出仅占我国财政支出12%。

启动临时性社会保险费用减免政策，有助于企业渡过暂时性难关。新加坡20世纪80年代中期遇到了建国以来最为严重的经济衰退，政府认为过高的公积金缴费率尤其是雇主缴费率过高削弱了出口产品竞争力，将公积金缴费率从 50% 下降到 35%，其中雇主从 25% 下降到 10%。此后随着经济的逐步稳定，公积金缴费率又逐步调高，目前基本上稳定在 40% 左右。

定向对制造业、小微企业等劳动密集型企业适度降低社保缴费率，也是稳增长的现实需要。银行、保险、房地产等资本密集型行业盈利能力强，从业人员收入高，对社保费率承受力较大。而劳动密集型企业、小微企业等盈利能力弱，职工工资水平低，近千元的社保缴费已经严重影响企业盈利能力、职工收入水平。在经济下行的宏观环境下，社会保障费用下调有助于提升实体经济活力，而实体经济是实现社会充分就业的中流砥柱，广大普通职工收入增加能有效提升消费能力，有助于经济增长向内需来转型，也符合社会收入再次合理分配的愿景。制造业等实体经济降低社保缴费率应不降低保障水平，其缺口部分由加大财政投入和国有企业资产划拨、分红上缴等手段来弥补。（本文发表于《广州日报》《经济日报》）

7. PPP 基金需强化效率效益原则

中央级的引导示范性 PPP 基金已经获得财政部审批，择日将下发相关文件，预计引导基金的规模约为 500 亿元。该基金中，财政部出资 100 亿元，金融机构负责 400 亿元的支持。（中国证券网，2015 年 6 月 8 日）

目前全国各地正大力推广 PPP 模式，PPP 注定成为 2015 年的一个热词。此次财政部拿出真金白银从财政层面对 PPP 项目提供支持，必将进一步激发地方政府和从事 PPP 领域商界人士的热情。“PPP”基金与一般的产业资金以投资回报为宗旨的商业行为完全不同，主要是对 PPP 项目进行政策性引导。

那么，“PPP”基金应该发挥怎样的政策引导作用呢？笔者认为，

"PPP"基金发挥对PPP项目的政策引导作用，需强化效率、效益、公共利益等约束，防止PPP项目进入市场化运作领域、异化为地方政府新的融资平台，以确保PPP模式健康、持续发展。

第一，引导PPP模式提升公共产品供给效率。推广PPP的目的是什么？在地方政府看来更多是解决融资问题。其实，PPP核心意义并不止于减轻政府财政负担，而是引入竞争机制、市场价值投资理念、市场风险意识等，提升公共产品的营运能力，提高公共产品的供给效率。近年来，政府投资的一些项目不注重经济效益和社会效益，运行效率低下，沦为官员的"政绩工程"，成为地方财政的包袱。因此，PPP项目必须强化效率的约束，遏制公共产品的盲目过量生产和低效率现象。

第二，引导PPP项目良性效益机制形成。项目收益应优于传统模式，"物有所值指引"是PPP领域的专业术语，简单说就是采用PPP模式的项目要进行精准的效益分析、财政承受力等方面评价，剔除资金成本与合理收益，PPP模式的成本不能远超出政府直接投资，否则就背离了公允价值、偏离公共利益。应将成本－收益分析法、博弈论分析等引入PPP项目绩效评估，提高公共产品的质量，降低公共产品的成本。虽然PPP项目通常属于垄断性领域，但仍需通过竞争压力以提升其绩效能力，比如在具有相关性产业或不同地区、性质的公司中，建立横向绩效比较机制。

第三，引导PPP项目强化公共利益约束，防止以侵害公共利益来实现"利益最大化"。应该说，政府与社会资本投资主体的利益诉求是不同的，政府承担"守夜人"角色，需追求公共利益最大化；而社会资本投资主体的企业本质特征，需追求商业利益最大化。目前，PPP项目多是供水、供热、环保等准公共产品领域，具有自然垄断属性，公众担心采用PPP模式的公共产品价格出现不合理的上涨，最终由老百姓埋单。因此，PPP项目需强化公共利益约束，完善激励性定价规则，鼓励PPP产品的利润合理增长建立在企业生产率的增长上，而不是简单的“羊毛出在羊身上”。同时，优化对 PPP 项目的外部约束机制，比如引入公众参与定价机制等，打破由政府、社会投资主体双边垄断的委托 - 代理关系，防止出现道德风险和内部人控制等侵犯公共利益。

第四，防止 PPP 项目进入可以完全市场化运作的领域。当前，全国兴起一股 PPP 热潮，其实并非所有项目都适合 PPP 模式，或者说有些项目并不一定都要采用 PPP 模式，应充分警惕 PPP 模式过度泛化应用，防止地方政府把各类原本交由市场运作的项目包装成 PPP 项目，或是将一些稀缺资源与 PPP 项目捆绑开发，这与完善市场机制的改革精神是相违背的。

第五，避免 PPP 项目异化为新的融资平台。目前，个别地区有一种将 PPP 项目异化融资平台的倾向，一些地方政府出于争取财政资金和银行贷款倾斜支持的考虑，从融资角度进行 PPP 模式方案设计，一般不考虑项目周期全过程的风险控制及合作伙伴关系的建立。（本文发表于《经济日报》《深圳商报》）

8. PPP 产品定价须保护公共利益

财政部周一发布关于规范政府和社会资本合作（Public - Private Partnership，以下简称 PPP）合同管理工作的通知，该通知明确遵循 PPP 合同管理的核心原则，提出有效推进 PPP 合同管理工作。并且同时公布了 PPP 项目合同指南。通知显示，鉴于 PPP 项目的生命周期通常较长，在合同订立时既要充分考虑项目全生命周期内的实际需求，保证合同内容的完整性和相对稳定性，也要合理设置一些关于期限变更（展期和提前终止）、内容变更（产出标准调整、价格调整等）、主体变更（合同转让）的灵活调整机制，为未来可能长达 20—30 年的合同执行期预留调整和变更空间。财政部称，将在总结各地实践的基础上，逐步出台主要行业领域和主要运作方式的PPP项目合同标准示范文本，以进一步规范合同内容、统一合同共识、缩短合同准备和谈判周期，加快PPP模式推广应用。（财政部官方网站，2015年1月19日）

PPP的渊源和理论基础来自公共选择理论，将“理性人假设”从私人领域引入公共领域，认为政府官员的“经济人”特征，使得政府的决策更有利于政府官员和政府机构的利益，而不是公共利益，从而导致“政府失灵”。近年来，政府投资的部分“政绩工程”不仅经济效益很低，而且社会效益也不高，有些甚至没有效益。公共选择理论认为，公共产品在纯政府提供与纯市场提供之间有多种可供选择的混合提供方式。

目前，PPP更多是以创新融资方式的面目出现在公众视野，即政府一种引进社会资本的工具，在财政约束下避免额外负债。其实PPP意义远不只减轻政府财政负担。PPP可使公关部门更有效率，池州市政府从4家竞标企业中相中深圳水务集团，引入了自由市场机制从而提高了经济绩效，为公共产品经营引入了全新的竞争性和绩效激励机制，在公共事业领域形成了投资价值理念。也就是说，PPP不仅通过“最有能力者承担”的黄金原则合理分配了公共部门的财务风险，更重要的是改善了公共部门的营运能力、降低公共产品的提供成本、增强市场敏锐性、增加竞争及市场风险意识等。

当然，任何事物都存在“一枚硬币的两面”，PPP也不是完美无缺。其一，社会资本固然具有很强的市场敏锐和效率，但其急功近利的逐利天性有时候也令人头痛，导致“市场失灵”。例如社会资本投资建设的高速公路虽然对国民经济发展、便民出行等作出巨大贡献，但利益最大化驱动使其急于短期收回投资成本、延长收费时间，这显然违背了基础建设的初衷和损害了公众切身利益。其二，政府目前鼓励采用PPP的项目，主要集中在供水、供热、垃圾处理、教育、医疗、基础设施等准公益事业领域，其市场结构及网络特性具有自然垄断特征。公众担心社会资本会不会与政府“合谋”，利用其垄断地位在 PPP 中过分“利益最大化”，从而使得污水处理等公共产品价格出现不合理上涨，最终由老百姓埋单。

我国公共产品通常采用的是政府定价，即价格规制。规制作为解决自然垄断方法之一，也存在两种批评意见：第一，厂商为了获取最高利益水平，往往用增加资本数量等手段将“合理的报酬”架空；第二，规制机构偏离公共利益，“规制俘虏”理论指出，规制官员、机构常常被拖入规制对象的阵营。更何况，作为规制部门的政府，在 PPP 中“利益共享、风险共担、全程合作”，本就是“同一阵营”。

防止公共利益被“规制俘虏”侵害，需从三个方面入手：第一，运用法治思维，建立起对规制者进行规制的机制。如，营运成本与收入公开制度、合理投资回报率制度、广泛且有代表性的听证制度、职能分离制度、说明理由制度、对不合理价格纠偏制度等，并上升到法律法规层面，是对规制者实行规制的最有效机制。第二，鼓励竞争，即使是不完全竞争也能提升经济效率。“激励性规制理论”认为，保持原有规制结构条件下，通过竞争压力给予受规制的企业以提高内部绩效的激励。例如，保持市场“进入”的竞争；在具有相关性产业或不同地区的公司中，建立横向绩效比较机制，奖优惩劣，对企业施加竞争压力；将可竞争环节划分出来引入竞争。第三，完善激励性定价规则。目前欧美广泛应用的是 RPI－X 定价模型，可称得上最高限价原则中的典范，即被规制企业价格的平均增长率不超过零售物价指数（RPI）减去 X，X 为生产率的增长率。如果 RPI－X 是负数，企业必须降价。与收益率规制相比，发生“规制俘虏”的可能性减小，还能较好地促进竞争。（本文发表于《经济日报》）

9. PPP 热须防公共产品供给过度

事实上，从去年 5 月份政策层面顶层设计明确之后，地方就开始掀起一阵 PPP 启动的热潮，集中推介、招标，一些地方还纷纷成立了地方性的 PPP 引导基金，这都使得 PPP 项目签约规模急剧攀升。据统计，截至 4 月底，全国 PPP 项目数量已经达到 8042 个，投资总金额为 9.3 万亿元。业内人士认为，今年将会是 PPP 项目加速落地的一年，明后年热潮还会持续。(《证券日报》，2016 年 6 月 18 日)

仅仅财政部全国 PPP 综合信息平台项目库投资总金额就高达 9.3 万亿元，相信这里并没有全部囊括各省市的全部 PPP 项目，而去年我国财政总收入 15 万亿元。如此巨量的投资额，其中所蕴藏的风险多少让人有些担忧。事实上，近期在水务、工程、环保等领域，一些专家和业界人士也表达了对 PPP 过快过热的忧虑。

笔者认为，以 PPP 模式扩大公共产品或服务供给的举措虽好，但需警惕短时间集中过度供给公共产品或服务，可能造成简单重复低效率供给以及地方财政未来超负荷等问题，必须强化效率等约束机制，仍要遵循“量入为出”等稳健财政原则。

PPP 热须警惕出现目的异化，导致公共产品或服务的“公共性”被淡化，从而埋下老百姓将来“埋单”的隐患。应该说，长期以来我国公共产品及服务供给不足，远远满足不了广大群众的需求，而 PPP 模式一方面将大量的社会资本引入市场，缓解了政府资金不足的压力；另一方面还可以引入先进的技术与成熟的管理经验等，提升公共产品和服务的效率。但在当前各地财政增收乏力、地方政府融资功能被进一步规范限制的背景下，PPP 模式更多地被赋予了稳增长、扩投资的“新使命”，或多或少被异化成了融资工具，甚至出现政绩导向等非经济因素考量，而公共产品或服务最为重要的“公共性”被淡化，企业未来营运能力、收益平衡以及公益性等被忽略，“羊毛出在羊身上”，将来这些隐患或以价格不合理提高等方式转嫁到公众身上。

PPP 热须警惕“财政幻觉”现象，导致公共产品或服务的不合理供给，从而埋下未来财政负担过重的隐患。财政幻觉主要指纳税人对所承受的税收负担的感觉，比实际的负担要轻，只看到政府公共服务所带来的好处，却忽略了自己为此付出的代价，由此低估了公共产品的价格（税收），错误地认为在税收负担较轻的条件下可以扩大公共服务，从而产生“过多”的公共需求。此前，地方以财政收入或是债务直接支付，都存在一定的“刚性”约束（当然也存在供给不足等弊端），而 PPP 模式一定程度上平滑了财政“量入为出”的压力，在多重因素的影响下，就导致公共产品或服务不合理供给，并导致未来财政负荷过重等风险。类似个人“信用卡效应”，购物刷卡很“痛快”，不知不觉中增加了支出，而一旦到了每月还款日才知道“痛苦”了。

在供给侧改革的大背景下，PPP 模式的重要使命并不是一个融资工具，也不是简单的扩大投资、稳增长的手段。首先，加强对公共产品或服务的分类，以轻重缓急、公益性大小等，来合理安排实施 PPP 模式的时间。其次，坚持效率导向，以增加未来财政支付程度作为 PPP 模式一个重要考量指标。优先安排通过提升供给效率实现利润的项目；需要未来财政购买但公益性显著的项目，有计划地实施；以未来财政承诺固定回报、明股实债等变相项目限制实施。比如我国一些中小城市供水系统因为管网陈旧、设计不合理等原因，导致渗漏等浪费较大，而通过 PPP 模式后，通过提升效率、减少浪费来实现利润，不需要增加或较少未来财政负担，同时还不需要额外提高居民用水价格。最后，坚持稳定供给的原则，防止公共产品或服务波动性供给，导致资源不合理或低效率配置。过热或短缺都不是资源最优配置的方式，稳定供给是财政支出合理、公众负担均衡的前提，不可偏废。（本文发表于《经济日报》《齐鲁晚报》）

10. 发挥好财政政策稳增长的作用

今年一季度，经济增速继续下滑至7%，经济下行的压力不断加大，在此情况下，财政政策取向将更加积极。事实上日前召开的中央政治局会议就提出明确要求：“积极的财政政策要增加公共支出，加大降税清费力度。”（《经济日报》，2015年5月13日）

在经济增速放缓的大背景下，发挥积极财政政策稳增长的作用，已经成为社会各界的广泛共识。那么，积极财政政策到底在哪方面发挥作用呢？

传统的积极财政政策在公众的普遍印象中，几乎等同于加大铁路、公路、机场等重大基础建设投资。不可否认，“铁公机”的确为我国经济发展提供奠基性条件，为驱动经济高速增长作出了巨大贡献。但随着基础设施出现“适度超前”现象，“铁公机”对相关联的产业拉动力出现递减，对经济的拉动作用减弱。少数地方甚至因此出现了债务风险和产能过剩风险。中国的机动车保有量少于美国，但高速公路通车里程已超过美国，笔者在多个省份的高速路上开车，有时候半个多小时见不到车辆；城际铁路出现上座率不足，运力过剩。比如从武汉发往咸宁的城铁、高铁和动车每天共41趟，武咸城铁上座率明显不足。

积极财政政策有多种政策工具，但不外乎增支和减税两大类。笔者认为，“积极财政政策”应该从“硬”领域投入逐渐转向改善民生、优化产业竞争力等“软”领域，增支方面应突出效率导向、加强效益约束力和民生保障等优先原则，而减税方面应滴灌实体经济、培育创新驱动力等。

在增支这一条路线上，积极财政政策应演绎更多的“软”投入，以效率为导向，激活消费等经济内生动力。

第一，优化支出结构，以效率为导向，强化效益约束力，避免盲目投资。基础设施和公共设施必须精准测算其经济效益和社会效益，避免资源闲置或浪费；引进社会资本合作（如：PPP 建设模式），其主要目的在于提升公共产品供给效率，扩大财政支出的乘数效应。同时，下决心压缩政府运行成本等一般性支出，厉行节约，努力减轻未来财政负担。

第二，加大财政民生保障方面的增长力度。以投资驱动的增长模式，导致国民收入分配结构的失衡，居民收入占比持续降低，进而导致消费不足。教育、医疗、社会保障等欠账较多，居民对未来预期缺乏安全保障，从而不敢消费，导致收入中“预防性储蓄”占比过高，不利于居民消费与投资。因此，加大社会保障、医疗卫生、教育等民生领域的投入，从而释放居民消费、投资等内生经济增长动力。同时，改善民生也是在弥补此前发展过程中所欠下的旧账，有利于促进社会和谐发展。

在减税降费这一路线上，积极财政政策应演绎更多的实体经济定向减负，引导“万众创新”等，激活经济内在驱动力。

第一，定向为实体经济减负，提升实体经济盈利能力，切实提高我国制造业竞争力。实体经济是经济发展、实现充分就业的基石，没有实体支撑的经济是空中楼阁，是海市蜃楼。当前，我国金融业、房地产等由于价值扭曲，畸形繁荣，给我国经济健康运行带来了不小的隐患。未来积极财政政策的重要着力点应主要放在为实体经济、小微企业减税与降费上。就减税而言，减主干税才有立竿见影的效果，而且需要大规模减税，例如全面推进“营改增”可创造 4000 亿—5000 亿元的减税规模。在降费上面，用简政放权清除寄生在实体经济上的一切不合理费用；尽快降低实体经济和小微企业“五险一金”的企业和个人缴费比例；厘清电费等价格扭曲带来的企业负担，例如我国工商业电费竟然高于美国等发达国家，等等。

第二，深化财税体制改革，统筹考虑收入分配问题。只有增加居民收入，才能真正拉动内需。在总体减税倾向的安排下，通过结构性减税，注重社会成员之间收入分配差距等调节，力图构建一个低收入人群少缴税、高收入人群多缴税的合理纳税机制。此外，可以适度开征遗产税、建立移民征税追诉制度等，这也为积极财政政策带来腾挪空间。

第三，充分运用奖励、补贴等市场手段，激励我国创新体系，优化产业竞争力。积极财政政策只能短期应对经济下行压力，从长远来看，还需要依靠创新、强化产业竞争力等提升生产率，才能从根本上提振经济。新古典增长理论认为，创新是"全要素生产率"，是现代经济增长最主要的动力。1909—1949 年美国经济增长中创新的贡献高达 87.5%。对中国这样一个大国而言，创新的重要性更是不言而喻，创新是通向经济可持续发展的不二路径。创新不仅是技术，更包括商业模式创新。创业是创新最重要的源泉。积极财政政策应充分发挥对"大众创业，万众创新"等的引领作用。

第四，引导调整并优化产业结构。积极财政政策要落实好产业调整振兴规划和战略性新兴产业规划中确定的各项财税扶持政策等。（本文发表于《经济日报》）

11. "积极财政政策"该如何"积极"？

2016 年 7 月 8 日上午，习近平在京主持召开经济形势专家座谈会强调，宏观经济政策要坚持稳中求进工作总基调，适度扩大总需求，继续实施积极的财政政策和稳健的货币政策。（《新快报》，2016 年 7 月 9 日）

财政政策是国家调节经济的主要手段之一，以"相机抉择"原则，发挥积极财政政策的"逆经济风向"调节作用，对稳定社会预期，促进经济稳健增长意义重大。那么，积极财政政策到底在哪方面发挥作用呢？

"积极财政政策"需立足个体受益，要向民生领域"积极"，以提振最终消费能力、激活经济内生增长动力。传统的积极财政政策多在投资和生产等领域（如基础建设），但刺激投资和生产属于中间消费，最终还是要落到最终消费上来，换句话说，老百姓口袋没钱，生产再好的产品也是白搭。以投资驱动的增长模式，一定程度上会导致国民收入分配失衡，居民收入占比持续降低，进而导致消费不足。国民收入分配政策作为积极财政政策重要工具之一，应该立足于个体受益，提升居民收入和减轻支出负担，例如：减少对工薪阶层的个税负担；减轻居民在教育、医疗、社会保障等方面的负担，从而释放居民消费、投资等内生增长动力。需要强调的是，我国民生投入与欧美福利过度化是有区别的，我国改善民生更多的是在弥补此前发展过程中所欠下的旧账，有利于促进社会和谐发展。

“积极财政政策”需立足于企业受益，要向企业减负增效“积极”，以激发企业竞争活力。经济发展最终还得依靠微观企业，积极财政政策需要立足于激活微观企业的活力。传统的积极财政政策一般都是政府唱主角，以投资驱动的方式扩展总需求，较少关注企业的竞争活力。然而，有效供给绝不是政府能够提供的，必须依靠企业。一是目前实体经济负担过重，必须切实降低实体经济的税费负担，提升企业生产的积极性；二是以财政补贴弥补企业技术创新、研发投入、高科技人才激励等，提升企业内生驱动力；三是支持落后设备更新换代，加速高污染、高耗能产业转型升级，提升企业“绿色生产率”。例如：能耗占我国钢铁企业产品成本30%以上，而日本钢铁企业能耗仅占15%，这必然来自于先进的生产线；四是厘清电费等价格扭曲带来的企业负担，例如我国工商业电费竟然高于美国等发达国家，要努力提升企业盈利能力。

“积极财政政策”需立足于产业发展，要向优化产业结构“积极”，以提升经济运行效率。“积极财政政策”通常能扩大社会总需求，但当前我国经济并不是简单的生产过剩的经济危机，也不是简单的总需求不足，而是结构性矛盾突出，因此不能简单地实施全面宽松的总量扩张政策，加重调结构的困难。“积极财政政策”必须要与产业政策、改革政策、区域政策等协同配合、精准实施，扶持培育新兴产业、战略产业、重点产业等发展，坚决遏制流向落后产业，尤其是杜绝为“僵尸企业”“去产能产业”输血。

“积极财政政策”需立足于均衡发展，要向非国有经济、后发展地区、缩小城乡差异等“积极”，以提升经济均衡发展。传统积极财政政策，由于地方政府的配套财力优势、企业众多等一些天然的特殊性，不可避免地让政策红利更多地落到了经济发达地区和国有大型企业的身上，加重了地区之间经济、非公企业和公有经济的不均衡性。此外，城乡差异、公共服务均等化等也是亟待“积极”改善的领域。（本文发表于《广西日报》《甘肃日报》

12. 以“包容性税收”拓展降税空间

2016年第三次G20财长和央行行长会议24日在成都落幕，会后各方发表联合公报。公报表示，我们认识到税收政策在更广泛的强劲、可持续和平衡增长议程中发挥着重要作用，也认识到公平、高效的国际税收环境对减少税收体系冲突的重要作用。我们重视税收政策工具在促进创新驱动和包容性增长的供给侧结构性改革上的有效性，也重视税收确定性对于促进投资和贸易的益处。（《湖北日报》，2016年7月25日）

在此次会议上，财政部部长楼继伟表示，营改增还有发展空间，例如如何增强包容性，让更多的小企业参与进来。笔者认为，正如财政部部长楼继伟所指出的“如何增强包容性”，我国税收改革不仅仅是降税，还亟待确立“包容性税收”原则，在不同区域、不同收入人群、不同行业等之间实施不同的税收政策和征税手段，以支撑“包容性增长”。

在“包容性增长”的视野下，我国现行的税收制度仍有缺陷或不适应的地方。

税收增长过快和税制结构不合理，导致居民收入的“逆向调节”。一是政府收入在国民收入分配总占比不断攀升，挤压了企业和居民收入空间。例如，我国税收增长率长期超过 GDP，不利于“大众创业、万众创新”。二是没有很好地发挥税收在平衡贫富差距、城乡差异的作用，甚至起到“逆向调节”作用。例如，个人所得税，没有减除购房、上养老人、下抚小孩的 3000 元起征点，在很多地区刚刚解决温饱问题，但却成为主要纳税群体。食品、水等一些老百姓的基础性必需品征税过重，例如“馒头税”高达 17% 的增值税税率。

税收优惠政策导向偏颇，导致不同经济主体税负不公。一是地区税收优惠政策主要集中在中心城市、东部沿海发达地区，而老少边穷地区难以得到相应的优惠。二是大型企业、垄断行业容易受到地方政府的青睐，得到减免退税、财政补贴多，实际税负往往比名义税负要轻得多。而中小企业基本上得不到地方政府的优惠政策，甚至还有乱收费的情况。三是劳动密集型产品和服务税收没有予以优惠，增值税仍是高达 13%。

税收扭曲激励引发低效配置资源，导致破坏生态环境。一是单纯追求经济增长速度，地方政府为了增加收入，而不顾生态承受力，导致空气、土地、河流等出现严重污染，居民甚至因此染病。二是我国至今都没有开征环境税，一些高污染、高能耗企业的产品没有承担社会成本，低价格出口让国外民众增加福利，而环境污染的严重后果却由我国老百姓承担。同时，还起到“劣币驱逐良币”的坏作用，阻碍我国产业结构无法转型升级、削弱企业创新动力。三是矿产等能源价格没有体现资源的稀缺性和环境成本、生态价值等，如现有煤炭价格探矿权、采矿权使用费偏低，没有包括安全生产、煤矿退出等成本。

当前，发展已不是狭义的经济增长。习近平总书记曾多次深刻地指出，“发展必须是遵循社会规律的包容性发展”“借势 G20，树立‘包容性增长’的标杆。”因而，“包容性增长”是我国税收制度改革的方向。“包容性税收”应体现在哪些方面呢？

第一，有针对性地大幅降低一些产品及服务、行业、经济主体的税率。例如降低一般食品、劳务等民众必需品的增值税税率，以降低民众的生活成本，从而达到刺激内需的目的。降低中小企业、制造业等劳动密集型企业的税率，实现扶持中小企业发展、增加就业的目的。第二，完善个人所得税制度，实现高收入群体适度高税负、中等收入群体低税负、低收入群体免税负的目标。第三，优化税收优惠政策的设计，实现税收公平。例如适度收窄经济发达地区、中心城市的税收优惠、财政补贴等政策空间，给予西部、老少边穷地区税收优惠权限甚至是加大央地分税比例，促进地区均衡发展；严格控制钢铁等产能过剩、高污染、高能耗产业的优惠政策，加大技术创新、自主创业等税收优惠。第四，开征环境税、社会保障税、财富税等，为“包容性税收”拓展降税空间，并实现代际公平。如适度开展遗产税，激励高收入群体慈善募捐。适度增加富人的税负责任，减轻“仇富”等，有助于社会稳定。（本文发表于《经济日报》）

13. 跨国企业“税收遵从”需强化外部约束力

日前，在江苏投资较大的跨国公司总部的主要负责人和财务负责人都接到了一份来自江苏省国税局的信函，详细描述了中国的国际税收遵从管理规划。这一做法的目的在于提高“跨国公司在中国的经济贡献度”，使跨国公司总部在业务重组和利润分配时更加考虑中国立场，减少跨国公司利用各种手段转移利润，最终让更多的税收和财富能留在中国。（《21 世纪经济报道》，2016 年 8 月 10 日）

改革开放后，我国以国际代工等模式吸引巨额外资，创造了外向型经济的奇迹，对我国经济社会发展作出了突出贡献。但也存在“贫困化增长”不良影响，例如外资企业经济总量与税收不成正比；外资企业税收优惠对内资企业造成不公平竞争；以环保、生态资源为代价等。这也是我国供给侧结构性改革中需要“补短板”的领域之一。

笔者认为，江苏省国税局“先理”发出要求跨国企业提高“税收遵从”的做法值得赞赏，更值得全国各地国税部门借鉴学习。同时，还要有“后兵”的硬措施，针对影响跨国企业“非税收遵从”的内部、外部因素，制定出有效应对措施，强化外部约束力才能真正提高跨国企业在我国的税收遵从水平。

跨国企业的非税收遵从行为具有很强的隐蔽性、事前充分筹划等特征，不少的外资企业出现了“一高一低”现象，即跨国公司中国成员企业的销售收入、资产、高附加值劳务人数占集团比例高，而利润与税收占集团比例低；集团来源于中国市场的销售和利润占比高，而留在中国成员企业的利润和税收占比低。导致这一现象的主要原因有三个方面：

跨国企业具有很强的内部化等优势，为税收筹划和利润转移提供了较大的空间。跨国企业利用关联企业之间的交易，采取以低于或高于市场正常交易价格，很容易实现利润转移。如技术转移、产品定价、租赁机器设备价格等。尤其是专利、专有技术、商标等无形资产的转让和使用，难有统一的标准，我国缺乏无形资产方面的反避税立法，跨国企业利用无形资产转让定价更为方便，以实现其税收负担最小化。

宽松的外资税收优惠政策，为跨国企业的非税收遵从行为提供了可能。按照我国税收优惠政策，生产型外商投资企业，经营期在 10 年以上的，企业所得税实行“二免三减半”的优惠，即自获利年度起，两年免征，三年减半征收。“获利年度起”，为跨国企业调节利润的时间提供了筹划空间。此外，开发区、地区之间不同的税收优惠政策、购买国产设备及技术开发等抵扣政策，都为跨国企业利用关联交易等手段进行非税收遵从行为提供了较大空间。

地方政府“引进外资饥渴症”，为跨国企业的非税收遵从提供了庇护。一些地方政府在招商引资上面，滥用“零地价”“财政补贴”“税收减免”的不正当竞争手段，甚至为跨国企业的逃税、避税提供庇护，造成了大量外资企业的财政收入流失，损害了税收公平。从宏观来看，也损害投资软环境，加深了外资的不信任感和缺乏安全感。

提升跨国企业的“税收遵从”水平，既靠来自提升外资企业的自觉性，如信函劝诫，同时还要增强外部约束力。第一，设立专门的国际税务征收分局，从机构上强化对跨国企业、涉外税务的征收与监管。第二，加强国际税务情报合作，完善国际纳税监管体系，建立跨国企业纳税信息数据库，减少因信息不对称导致的征税“漏洞”。第三，尽快建立其针对跨国企业的转让定价税制等规范，并强化税源监控、税源评估、涉外税务审计等监管制度建设。第四，规范跨国企业税收优惠，尤其是地方政府在招商引资中的恶性竞争行为。第五，降低税收遵从成本。亚当·斯密著名的税收四原则之一就是税收便利原则，即给纳税人以最大的方便。降低跨国企业税收遵从的时间成本、心理成本、货币成本，如征收方法力求简便易行，消除纳税人因不理解纳税规定而产生的焦虑等。

值得一提的是，跨国企业能带来巨额的资本，能优化我国的产业结构，并以市场竞争迫使国内企业提高经营管理水平，同时还提供大量就业岗位。当前，我国仍需要鼓励外资到中国来投资，相应的反避税措施还应采取适度宽松原则，在吸引外资与税收公平中寻找一个平衡点，循序渐进，切莫操之过急、惨礉少恩，更不能杀鸡取卵走向纵容包庇的反面。（本文发表于《上海金融报》）

PART 6

公共政策的供给方式——“供给侧改革”的实质

“供给侧改革”实质上就是改革政府公共政策的供给方式，也就是改革公共政策的产生、输出、执行以及修正和调整方式，更好地与市场导向相协调，充分发挥市场在配置资源时的决定性作用。

“供给侧改革”本质上是制度变迁或制度创新，制度创新或改革的话题牵涉甚广，本书的每个章节几乎都有涉及。在本章中，针对类似高铁等垄断性国企以及类似百度基于信息控制权而成为“社会公权力组织”的企业，如何通过制定公共政策等制度设计来进行“规制”，来提升其经济效率和社会福利，也吸引了众多经济学家的目光，成为近年来经济学研究的热点。2014年诺贝尔经济学奖获得者让·梯若尔（Jean Tirole）教授，在垄断产业的新规制经济学领域就取得了卓越成绩。

制度经济学认为，制度短缺或制度供给的滞后同样制约经济的发展。经济学家诺思认为，经济增长起决定性作用的是制度因素而非技术因素。因此，优化公共政策等制度供给，是“供给侧改革”的重中之重。

说到底，供给侧改革，就是按照市场导向的要求来规范政府的权力。离开市场在配置资源时的决定性作用谈供给侧改革，以有形之手抑制无形之手，不仅不会有助于经济结构调整和产业结构调整，也会损害已有的市场化改革成果。

1. 公共政策须防偏离公共利益

《公共场所控制吸烟条例（征求意见稿)》曾明确“在公共场所、工作场所室内全面禁烟”。但据全国人大常委王陇德等参与条例起草讨论的专家介绍，条例草案的最新版本已将“全面禁烟”修改为“选择性禁烟”，出现了“餐厅、酒吧、咖啡厅、茶楼、歌舞厅、棋牌室等娱乐场所可以设吸烟区”等条款。王陇德认为，从“全面禁烟”到“选择性禁烟”的变化，相当于国家控烟立法开了“倒车”。(《南方都市报》，2016年6月2日)

据报道，关于烟盒设图形健康警示和全面禁止烟草广告、促销和赞助的条款也都被删除。应当说，此次控烟条例与专家及公众的心理预期是不符合的，一个重要的原因是烟草行业参与控烟条例制定，并提出了三个理由：（1）严格控烟立法会影响中国经济；（2）在部分地区很难实施；（3）其他许多国家允许设置吸烟区。透过禁烟条例删改的是是非非，制定公共政策时如何防止被少数“利益集团”掣肘，防止公共政策偏离公共利益轨道，这是我们更值得深思的话题。笔者认为，公共政策制定和实施必须关注公众的心理预期，树立公共利益最大化理念。

近年来，我国公共政策制定过程中取得了长足的进步，从原来单一由官方决策者包办的“闭门政策”，越来越向社会公众开放制定的“开门政策”转变，政策决策者、利益集团、大众传媒、智库（专家)、个体公民等，作为公共政策的主体，都直接或间接参与到公共政策的制定当中，使得公共政策越来越满足利益的“平衡性”要求。

利益集团理论告诉我们，小的利益集团更容易影响公共政策实现利益目标，这是因为其行动、决策成本更小、利益目标清晰明确。以禁烟条例中的利益集团为例，受到二手烟毒害的数亿公民作为一个大的利益集团，其召集、决策成本过大，而具体到每一个个体利益相对较小，因而其影响控烟条例这一公共政策的能力较弱。而烟草行业则不同，不仅容易决策，而且掌握巨大的资金、行政资源，其对控烟这一公共政策施加的影响力，非普通公民、甚至专家学者所能比肩的。

应该说，在多元化社会条件下，各种群体参与公共政策博弈不仅是一种正常现象，更是一种进步的表现。但各种社会群里在公共政策博弈中的表达能力是不对称的、影响力是不均衡的。而这种不对称、不均衡，往往影响到公共政策结果的好坏，会导致偏离公共利益，背离公共政策制定的初衷，甚至引起社会的不满。近年来，控烟效果不佳的一个重要原因就是，烟草行业阻挠控烟工作，控烟难度大的核心在于与利益集团的博弈。而房地产行业、金融证券业、垄断行业等领域的公共政策也存在类似情况。

因此，在公共政策制定的时候，必须平衡各方利益，保证高质量公共政策的出台：一是公共政策的制定和实施要关注公众的心理预期，树立公共利益最大化的价值目标。例如控烟条例更多的应该从广大公众的身心健康出发，吸烟者在公共场所吸烟损害了大多数人的利益，让其在非公共场所吸烟的要求并不过分。二是改善公共政策的主体结构，比如：加强人大、政府等公共政策制定部门的培训力度，提升官员公共政策的决策素养；加强民间或官方的智库建设，使得智库成为优化公共政策的得力助手。三是借助互联网、媒体等手段，拓宽有效参与方式来激励和吸收公民、公共媒体参与公共政策制定的各个环节，从而推动公共政策的多元化、合理性。（本文发表于《大众日报》《甘肃日报》）

2. 公共政策制定须有“预见性”

河北省人民政府新闻办公室日前发布消息称，为回应社会关切，方便游客来“草原天路”风景名胜区旅游，张北县政府决定从今日起取消“草原天路”风景名胜区的收费。(《北京商报》，2016 年 5 月 23 日)

一项由政府出台的收费政策，不到 23 天就夭折了。实际上，政府严肃的公共政策短命事件并非孤例，南京征收 3% 的婚前房加名税；今年的股市“熔断机制”；沈阳在校学生“零首付”购房政策。毫无疑问，短命的公共政策严重伤害政府的公信力。笔者认为，尽管公共政策是针对现实问题提出的，但一项公共政策是对未来发展的一种安排，且涉及多方利益调整，因此政策出台前，应对社会效应进行足够的评估，对所产生的后果须有“预见性”。

那么，如何提高公共政策的“预见性”，避免短命政策出现呢？

首先，公共政策制定和实施必须满足“公共性”要求。公共政策就是以政府的作为或者不作为来对公私行动进行指引、调整。公共政策的“公共性”要求，制定和实施各种行为规范，必须从社会绝大多数人的公共利益出发。“草原天路”收费，当地政府煞费苦心地以“环境保护”等为由“据理力争”，但从媒体到公众对当地政府的逐利动机都心知肚明。公共性可以用“公开性、公正性、公平性”三个维度来评判，如果当地政府收费前能在更大范围公开，收费范围顾及公平公正（正常道路通行按 50 元收费，失去公平公正的基础)，恐怕就没有这个闹剧政策出台了。

其次，公共政策制定和实施必须满足“合法性”要求。此次“草原天路”被公众指责的焦点集中在该政策违法，一是以“风景名胜区”为由收费，实际上却是一个“山寨货”，找不到国务院或省政府有关设立“草原天路”风景名胜区的批文。二是将公路来收费，违反

《中华人民共和国公路法》。虽然初衷并不是收取过路费，但无论是以旅游目的还是正常的通行都要交费，构成了事实上收取过路费。作为一条县级公路，收取50元过路费是违法行为。三是公共政策的合法性不仅仅体现在程序上合法，还要内容合法。河北省物价局日前曾公开回应，张北县有权制定“草原天路”的门票价格。这仅仅是程序上的合法，而内容的合法是指，公共政策所制定的内容必须能够使得公共利益得到很好的协调和平衡，并符合多数人利益、长远利益等要求，能被公众所接受和认可。离开了合法性，公共政策也就失去了生存的法律基础，短命也就不足为怪了。

最后，公共政策制定和实施需考虑利益“平衡性”要求。社会问题纷繁复杂，一项公共政策必须要平衡各方利益取舍，才能被社会接受。虽然政策的出台往往是多方博弈、妥协和折中的结果，但是在这个过程中各方力量的影响力和权力是不均衡的。例如在“草原天路”和凤凰古城中，政府、景区旅游营运公司、农家乐、景区内的商家以及一盘散沙的游客（消费者）对收费这一政策的影响力是完全不同的。如果有强势的地方政府、相关部门，以及占据优势的营运公司“绑架”了公共政策，这样的公共政策必然会出现利益扭曲，必然不具有生命力。（本文发表于《江西日报》《广西日报》）

3. 搜索公司整改还需法律治本

2016年5月9日，根据联合调查组调查的结果，国家网信办召开了新闻发布会。国家网信办在新闻发布会上表示：百度竞价排名机制存在付费竞价权重过高等问题，严重影响了搜索结果的公正性和客观性，要求百度公司立即整改，特别是要清理整顿医疗、药品、保健品等相关商业推广活动。同时，国家网信办还要求百度公司对商业推广信息加注醒目标志并予以风险提示，严格限制商业推广信息比例。（《苏州日报》，

2016年5月10日)

魏则西身患绝症，临死之际还被竞价排名广告和莆田系等“合谋”，冤枉花去20多万元费用，搜索公司、莆田系以及有关部门的监管失职，触发了公众唇亡齿寒的悲悯之心，从而引爆了舆论的广泛关注。国家网信办公布的调查结果并提出了整改意见是顺应民意之举，但笔者认为，行政部门的整改之举仅仅是“治标”，更需法律完善对搜索公司的相关规制，才是避免搜索公司作恶的“治本”之举。

从国家网信办对百度的整改要求来看，并未触及竞价排名的核心，不能从根本上消除竞价排名之恶。同时，就事论事的调查只涉及医疗领域，而教育、留学、装修等更广领域中的竞价广告同样有类似弊病，民众意见也非常大，未能加以规范。当然，作为国家网信办一家行政部门，行政手段存在很大的局限性，并由此产生的整改措施“局限性”不难理解。但“魏则西事件”不能止步于国家网信办的整改，法律等有关部门应该接过整改，针对此次公众关心的核心问题，比如竞价排名究竟是不是广告；类似百度等搜索公司这样的“社会公权力组织”如何立法约束，进行法律规制，等等。

作为服务数亿网民，每天响应数十亿次请求的搜索引擎公司，百度搜索已经成为信息社会的基础设施之一。百度利用公众对其提供信息服务的依赖，获得了“信息控制权”的社会公权力，也就成为“社会公权力组织”。社会公权力也是公权力的一种，长期以来之所以不被关注，是因为社会组织的公权力通常发生在内部人身上，比如百度对广告商的价格提高，例如去年莆田系与百度的价格之争。但在某些情况下，社会公权力组织滥用其公权力，也会侵犯外部人的人身权、财产权，甚至威胁其生存权，比如类似魏则西事件。因此，“社会公权力组织”也要纳入法律范畴进行规制。百度滥用“信息控制权”交换商业利益，不仅仅涉及商业垄断，还危害到公众的切身利益，其危害性不可小觑，必须尽快制定相关法律对“社会公权力组织”严加监管。

因为没有相关权限，国家网信办无法对竞价排名是否属于广告进行界定，为此只能给出“对未获得主管部门批准资质的医疗机构不得进行商业推广”的整改意见。事实上，医疗广告需要严格审批，仅仅针对医疗机构是否获得主管部门批准资质进行要求，是无法避免类似魏则西悲剧再度发生的，此次无论是北京武警二院还是莆田系，都是有资质的合法医疗机构。竞价排名究竟是不是广告，受不受《广告法》约束，包括学者、法律界都是存在争议的，甚至百度在2015年年报中公开宣称，竞价服务不受中国广告法律法规约束。但一个不争的事实就是，竞价排名每年数百亿规模，一边享受收钱的好处却不承担法律的义务，这无论如何是说不过去的。有关部门须尽快通过法律法规，进一步明晰对竞价排名等新型互联网广告的约束，绝不能随着国家网信办的调查整改，再次置若罔闻。

《战国策·楚策》曰：“见兔而顾犬，未为晚也；亡羊而补牢，未为迟也。”用法律筑牢规制搜索公司的笼子，带给公众一个没有欺诈的网络世界，才是魏则西留给这个世界的宝贵遗产。（本文发表于《深圳商报》）

4. “天价罚款”违背“比例原则”

3个月前，杭州方林富炒货店里来了两个男人，他们买了半斤糖炒栗子。随后他们发现栗子的外包装牛皮纸袋上面写着“杭州最好的炒货店铺”。他们认为这个“最”字违反了新广告法，要求方林富赔1000元。老板方林富觉得对方在敲诈，直接拒绝。昨天，西湖区市场监督管理局将《缴纳罚（没）款通知书》送到方林富店里，上面确认“罚款人民币20万元，如逾期缴纳，每天加处罚款额3%（6000元）的罚款。”（《钱江晚报》，2016年3月24日）

一袋售价不足20元的栗子，却要被执行20万元的罚款，网友惊呼“天价罚款”。当事人方林富认为：“论到哪里都站不住脚的。”而西湖区市场监管局则称，处罚依据广告法、程序到位，而且是按照20万—100万中取最低线罚款。但笔者认为，姑且不去争议方林富的行为是否构成广告宣传，即使符合广告法相关处罚规定，西湖区市场监督管理局对于执法对象相对弱势的一方的罚款过重，明显违背了行政执法“比例原则”，即合理性原则和适当性原则、必要性原则，应当予以纠正。

行政执法的“比例原则”，是指行政权力的行使除了有法律依据这一前提外，行政主体还必须选择对人民侵害最小的方式进行，这是包括我国在内许多国家行政法上需要遵循的一项重要的基本原则。学界认为，比例原则包含适当性原则、必要性原则和狭义比例原则三个子原则。

一些中小城市的小商贩，在自己店铺、包装袋上使用“最好”“最优”“第一家”等绝对化的用词，这在实际生活中并不鲜见。他们不存在恶意欺骗，也是历史、习惯的一部分，其危害性并不大，这与报刊等大众媒介宣传使用绝对化用词是有区别的。如果外包装袋等属于广告法调整的范围，依法予以纠正也是无可厚非的，但行政执法必须遵循合理性和适当性原则。从新闻报道来看，消费者认为，“最”字违反了新广告法，要求方林富赔1000元，而西湖区市场监管局却选择罚款20万元的“大棒”挥向一个很小的炒货店，确有“捏软柿子”的嫌疑。半斤糖炒栗子价格应该不会超过20元，却要罚款20万元，显然已经超过合理性和适当性原则。

中国有句成语说，“杀鸡焉用宰牛刀”，这也是对“必要性原则”的最好诠释。必要性原则又被形象地称之为“最温和方式原则”、不可替代性原则。是指在前述“适当性”原则已获肯定后，在能达成法律目的的诸多选项中，执法部门应当选择对人民权利最小侵害的方式。换一句话来说，就是已经没有任何其他能给人民造成更小侵害而又能达成目的的措施来取代该项措施了。因此，即使方林富的行为构成违反广告法，就算广告法中明确写的是罚款20万—100万元，在具体执行过程中仍需遵循“必要性原则”。对于方林富的外包装牛皮纸袋上面写着“杭州最好的炒货店铺”，行政执法部门应当予以教育、纠正就可以了，当然也可酌情支持对投诉的消费者进行适当赔偿。但绝不是对一个处于相对脆弱的小商贩，施以20万元的“天价处罚”。

习近平总书记强调，马克思主义权力观概括起来是两句话：权为民所赋，权为民所用。行政执法的初衷在于维护社会秩序和保障民生，在这个意义上，行政部门要有怜悯苍生的“民生情怀”，不能简单机械地执法，更不能动辄实施“天价罚款”，而是从“目的取向”“法律后果”“价值取向”等维度去综合考量每一次执法决定，这才符合法律的本意，才符合民意。（本文发表于《包头日报》《信息时报》《上海金融报》）

5. 高铁自主定价仍需“政府规制”

国家发展改革委日前宣布，从今年起，放开高铁动车票价，改由中国铁路总公司自行定价。20日，业内人士在接受记者采访时表示，此举意味着今后高铁票价将逐步走向市场调节，不再“一成不变”。（《山东商报》，2016年2月21日）

随着我国价格市场化改革力度不断加大，政府定价范围大幅度缩减，正在市场化转型的“铁总”拿到“高铁定价权”，不再由政府定价，符合价格市场化改革方向和市场经济规律。但民众担心，“高铁定价权”会导致票价不合理上涨，背离服务民生的初衷。笔者认为，作为垄断行业、兼有公共品属性的高铁，不能简单地从市场供求、竞争状况等因素来决定价格，政府在放弃定价权的同时，必须通过法律手段、行政手段等加强价格的“政府规制”，以促进竞争效率、限制垄断、保证市场机制的正常运行，保护民众利益。

在竞争充分的市场机制中，价格由供需关系决定，其核心是供给和需求力量可以自由发挥作用。然而，市场中存在自然垄断、外部性问题、公共品、信息不对称以及非价值产品（如毒品），微观经济活动中存在“市场失灵”的现象，即一些不受管制的市场不能有效配置资源。而“政府规制”可以矫正这些问题所造成的资源配置低效和社会福利的损害。那么，高铁自主定价权是否有进一步“政府规制”的必要呢？

首先，我国高铁完全符合“自然垄断”属性，中国铁路总公司全国独此一家，并没有竞争对手，与充满竞争性的公路、民航存在很大区别。垄断市场不会带来合意的价格和效率，垄断导致社会福利损失是“政府规制”存在的首要原因。其次，铁路作为与民众生活息息相关的重要基础设施，多由国家财政投资建设，高铁不能忽视铁路公益性问题，要考虑公众的承受能力。最后，高铁的成本存在信息不对称问题，公众无法评判高铁的真实成本。铁总具有“理性经济人”特征，其价格决策往往有利于自身利益，而不是公共利益。

当然，“政府定价”危害亦不小。政府要加强良好的公共政策设计，既鼓励发挥价格有效配置资源的激励作用，又要防止公共利益被“高铁定价权”侵犯。我们要从以下四点入手：

第一，“高铁定价权”必须在公共利益基础上，建立合理的调价机制。高铁票价的调整不能任由铁总自说自话。如：广泛且有代表性的价格听证制度、具有独立性的第三方评估制度。第二，“高铁定价权”要在信息公开的基础上，进行合理定价。如：营运成本与收入公开制度、合理投资回报率制度。第三，鼓励竞争。虽然铁路有自然垄断的属性，但即使是不完全竞争也能提升经济效益。“激励性规制理论”认为，保持原有规制结构条件下，通过竞争压力给予受规制的企业以提高内部绩效的激励。例如，建立横向（其他类似的行业）的绩效比较机制，参考国家铁路绩效水平，奖优惩劣，对企业施加竞争压力；建立科学合理的垄断国有企业的效率评价机制，等等。长期来看，要致力于打破垄断，将可竞争环节划分出来，形成国有、民营等多主体的有效竞争市场。第四，完善激励性定价规则，鼓励铁路企业提高自身生产效率，而不是简单地提高票价。目前欧美广泛应用的是 RPI－X 定价模型，可称得上最高限价原则中的典范，即被规制企业价格的平均增长率不超过零售物价指数（RPI）减去 X，X 为生产率的增长率。如果 RPI－X 是负数，企业必须降价。与收益率规制相比，发生“规制俘虏”的可能性减少，还能较好地促进竞争。（本文发表于《法制日报》《中国青年报》《当代广西》）

6. 行政处罚不宜“附加执行”

近日有媒体报道“7 月 1 日起，党员酒驾醉驾等 10 类交通违法行为要通报纪委”，对此，公安部交通管理局进行回应称，针对酒驾、醉驾、无证驾驶等 10 类交通违法行为，7 月 1 日起公安交管部门将在行政处罚决定书上增加政治面貌和职业信息的采集项，此举旨在为部门信息共享、抄告联动及征信挂钩创造条件，以进一步提升我国交通安全综合治理能力。（《人民日报》，2016 年 6 月 6 日）

应该说，交警部门的“党员交通违法抄告纪委”的做法，是出于进一步遏制交通违法的良好初衷，但笔者认为，行政处罚不宜“附加执行”，此举违反行政处罚依法行政原则和罪责相等原则。同时，纪委不是一个筐，什么都往里装，纪委必须聚焦防腐倡廉的主责主业。

交警部门的“党员交通违法抄告纪委”的做法，违反了行政处罚必须依法行政的原则。交警部门作为行政机关的行政执法行为，毫无疑问要受行政法规约束，不能拍脑袋执法。行政法的实体性原则要求：依法行政、越权无效。目前，我国对交通违法行为进行行政处罚的主要依据是《道路交通法》，“党员交通违法抄告纪委”显然不是《道路交通法》要求的内容，一是没有依据法律要求行政，二是越权对当事人进行“增加政治面貌和职业信息的采集项”。

交警部门的“党员交通违法抄告纪委”的做法，涉嫌“一罪两罚”。一罪不能两罚，这是一个基本法律常识，就连危害较大的犯罪行为，在用刑法进行惩处的时候，也制定了“罪罚相当原则”，即对于一个犯罪行为，刑法上仅要给予一次充分评价的处罚就已经足够，不需要也不可以对于一个过错行为，给予两次的处罚。“一罪一罚”体现了法律的公正性和正义性，交警部门的交通违法更没有另外的理由。

交警部门的“党员交通违法抄告纪委”的做法，属于政策（法律）执行偏差的具体表现：附加执行。“附加执行”属于政策（法律）执行尺度扩大化，在政策（法律）执行过程中执行尺度过宽，甚至附加上对自己有利的政策（法律）之外的内容，盲目扩大政策的外延。例如，计划生育违法后不能“落户”，对计划生育违法附加户口迁移额外限制，现在绝大多数城市已经进行纠偏。

交警部门的“党员交通违法抄告纪委”的做法，不符合纪委聚焦主责主业的原则。当前，反腐败形势依然严峻复杂，党中央对惩治和预防腐败提出了新的更高的要求，需要纪委更好地发挥职能作用。中纪委书记王岐山曾经明确要求，把更多力量调配到廉政建设反腐败主业上。连无证驾驶、准驾车型不符、超速50%及以上等明显是交警职责范围内的事情，都报送纪委，纪委有这么多的精力吗？那么，党员涉及合同违约、欠账不还、家庭邻里纠纷等违法，是不是也要报送纪委呢？据报道，某市纪委参与的议事协调机构一度达到151个，这些议事协调机构应该都是一些看似与纪委关联的事项，党的十八大以来，在中央纪委的带动下，全国省、市、县三级纪委启动了大规模的清理议事协调机构工作。如果文化、卫生、拆迁、农业等部门效仿“党员交通违法抄告纪委”的做法，就有可能让纪委再次陷入“种了别人的地、荒了自己的田”，主责主业反而受到了影响。（本文发表于《信息时报》）

7. 獐子岛自罚难以关闭“扇贝门”

2014 年 2 月 4 日，“扇贝门”主角獐子岛收到证监会大连证监局《行政监管措施决定书》，被责令整改。獐子岛当晚发布公告称，公司总裁吴厚刚自愿承担 1 亿元灾害损失并主动降薪至月薪 1 元，其余高管主动大幅降薪 26% 至 50% 。

尽管挨了监管部门的批评，但獐子岛董秘孙福君好歹也算是松了一口气。在他看来，大连市证监局的认定，总算还给他们一个清白。不过，獐子岛也别高兴太早了，“司法最终解决原则”告诉我们，证监局的决定并不意味着“扇贝门”的平稳关闭。《决定书》不仅无法免除“扇贝门”的司法赔偿义务，而且其认定的三大过错恰恰开启了那些蒙受巨额损失的投资者的司法索赔之门。在其行为违反证券法等法律法规的视角之下，公司总裁吴厚刚自愿承担 1 亿元灾害损失以及高管自降薪酬的举动，正如网友“八亿的损失，他承担一个亿；降薪？哪个高管是靠薪水活着的”的质疑，毫无救赎之意，更似避重就轻的“自罚三杯”。

现代法治的一个基本命题是，司法是权利的最终救济方式和法律争议的最终解决方式。狭义的“司法最终解决原则”，是指以法院的审判作为解决民事纠纷最终手段的原则。獐子岛董秘孙福君说：“证监局的结果相当于定性的。”其实不然，证监局的调查及结论并不能构成“最终定性”，司法程序的调查和判决才是最终定论。“扇贝门”中蒙受巨额损失的投资者们如果对证监局的调查不满意，完全可以提起司法赔偿诉讼，通过法律来维护自身的合法权利。

要对獐子岛提起司法赔偿主张，必须要能证明獐子岛存在与之关联的过错或违法行为，而不仅仅是经营风险或“天灾”。

从经济学的角度来讲，公司作为一种营利主体，在追求利润最大化的过程中，本身就必须要承受经营失败的危险；从法律的视角来看，在某些情况下，即使董事充分履行了自己的注意义务，依然可能作出失误甚至错误的商事判断。獐子岛是否超出这个“业务判断规则”呢？大连证监局的专项核查发现，獐子岛海域收购决策存在瑕疵，海域面积扩大过程中未经充分研究。这表明，獐子岛完全没有充分履行自己的注意义务。

信息披露及风险揭示是证券市场健康发展的生命线。大连证监局认为，獐子岛深海底播信息披露及风险揭示存在问题。我国证券法、《上市公司信息披露管理办法》中对信息披露制度的规定为，发行人、上市公司依法披露的信息，必须真实、准确、完整，不得有虚假记载、误导性陈述或者重大遗漏。《公开发行证券的公司信息披露内容与格式准则》第二十二条规定，董事会应当介绍报告期内经营情况，分析公司报告期内经营活动的总体状况，至少包括“公司应当遵循重要性原则披露可能对公司未来发展战略和经营目标的实现产生不利影响的所有风险因素，公司应当针对自身特点进行风险揭示，披露的内容应当充分、准确、具体，应尽量采取定量的方式分析各风险因素对公司当期及未来经营业绩的影响”。毫无疑问，獐子岛已经违反了证券法等法律法规，并直接与投资者损失有关。

当然，投资者面对獐子岛违法行为所致的损失有两种选择：一是与上市公司积极协商，就损失的赔偿问题达成和解。二是到法院起诉，要求上市公司等信息披露主体承担因信息披露失当、虚假陈述导致的损失。根据《关于审理证券市场因虚假陈述引发的民事赔偿案件的若干规定》，除了上市公司以外，投资者可以要求发起人、控股股东等实际控制人、发行人、证券承销商、证券上市推荐人，以及会计师事务所、律师事务所、资产评估机构等专业中介服务机构等信息披露义务人承担因信息披露失当导致的民事赔偿责任。同时，投资者选择诉讼的方式请求损失赔偿时，必须以上市公司等信息披露义务人被证监会、财政部或其他有权作出行政处罚的机构作出行政处罚决定或者虽未受到行政处罚但是被人民法院认定有罪作出刑事判决为前提。

7.63亿元的巨额损失，是千千万万投资者的血汗钱，不能轻易地让它石沉北黄海，必须刨根溯源、予以深究严办，而不是轻飘飘的“整改”。同时，上市公司如何建立科学、民主、透明的重大事项决策机制，进一步完善相关上市公司信息披露、风险警示机制，避免大股东、管理层等少数代理人操纵，这都是资本市场急需思考的话题。（本文发表于《企业观察报》）

8. 遭公众“吊打”，百度冤枉吗？

百度至今还在内部邮件里写道：“作为一家优秀的企业，需要去背负国家、行业本该履行的监管责任。这是社会对我们的期待，因为能力越大，责任越大。”这样的态度让人遗憾，好像他们也是受害者，而不是莆田系的帮凶。（《北京青年报》，2016年5月4日）

公众和舆论在“魏则西事件”中，几乎一边倒地指责百度医疗广告的竞价排名之恶；国家有关部门进驻百度公司；市值蒸发约55亿美元；这可能只是一系列打击的开始。少数人也替百度叫冤枉：冤有头债有主，不去追寻莆田系和医院方、监管方的责任，“吊打”百度似乎不太公平。百度也自然不“服气”，认为是在“背负国家、行业本该履行的监管责任”。

那么，公众为何“吊打”在事件中不负主要责任的百度呢？百度冤枉吗？

首先，公众“吊打”百度，是长时间积累的集中爆发。“魏则西事件”并不是百度第一次因为医疗广告绊倒了：2008 年 11 月 12 日，新华社发表《假药网络肆虐，竞价排名是祸根》；同年 11 月 15 日，央视播出百度搜索引擎竞价排名黑幕；2010 年 7 月 11 日，央视再次曝光百度搜索指向假药链接事件……古罗马著名政治家西塞罗曾说：“被同一块石头绊倒两次可说是奇耻大辱”，就百度而言，已经被医疗广告绊倒若干次，这恐怕就不能怪“莆田系”和监管缺位这块“石头”了吧？当然，“莆田系”等“石头”的责任也不能轻饶。

其次，公众“吊打”百度，是因为公众对其一再挑战底线价值的震怒。百度自诩为“优秀”。“优秀”是一个包含了价值描述的词语，而公开的事实是百度为了赚钱一再挑战人类的价值底线。今年 1 月 9 日，血友病等一些热门疾病的“贴吧”被百度商业化，以百万元、千万元的价格卖给野鸡医院、广告平台、网站。血友病、癌症等疾病所谓的“商业化价值”，那是多少个“魏则西”倾家荡产拼凑的“救命钱”啊，而百度却用“竞价”的方式，为莆田系搜刮他们最后一分钱提供“捷径”。据公开的报道称，百度 2013 年的广告总量是 230 亿元，而莆田系医院在百度就做了 120 亿元的广告，60% 投给了搜索引擎。一家靠吸血长大的企业有什么脸面敢言“优秀”？

再次，公众“吊打”百度，是因为公众对其混淆概念试图逃避法律约束的愤怒。百度在 2015 年年报中竟公开宣称，竞价服务不受中国广告法律法规约束。笔者有不同的看法，广告法第二条“通过一定媒介和形式直接或者间接地介绍自己所推销的商品或者服务的商业广告活动，适用本法。”第四十五条“互联网信息服务提供者对其明知或者应知的利用其场所或者信息传输、发布平台发送、发布违法广告的，应当予以制止。”同时，广告法还规定，医疗广告需要审批才能发布。也就是说，莆田系医院通过花钱直接或者间接地介绍医疗服务，构成商业广告行为。

而百度通过“信息传输”“发布平台”发布未经审批的医疗广告是无可争议的违法行为。因为百度必须依法从形式上审查“医疗广告是否审批”，而不仅仅是医院资质，也不是要求百度对真实性等实质审查，这是起码的要求。可见，公众“吊打”百度，恐怕是更多地期盼有关部门用法律来监管百度，而不是“不受法律约束”。

最后，公众“吊打”百度，是对百度这样的“社会公权力组织”出现监管空白的担忧。社会公权力也是公权力的一种，通常发生在内部人身上，但在某些情况下，社会公权力组织滥用其公权力，也会侵犯外部人的人身权、财产权，甚至威胁其生存权。百度以公众对其提供信息服务的依赖，获取了“信息控制权”的社会公权力，并滥用信息控制权交换商业利益，危害不可小觑，必须严加监管。（本文供汇金网独家稿）

9. 公共财政支出需遵循“公平原则”

2016年6月13日，大连市政府出台了《关于化解房地产库存促进房地产市场平稳健康发展的意见》。按此新政，博士购房每平方米补贴400元，硕士每平方米补贴300元，本科及大专学历每平方米补贴200元。（《光明日报》，2016年6月15日）

2016年以来，各地政府为了化解商品房库存压力，出台了各种购买补贴、税费减免等财税政策，姑且不论是否能够真正达到化解房地产库存的压力，但作为财政收支政策，必须遵循“公平原则”，政府的财政收入和支出要实现社会公平目标，局限于高学历等少数人的购房补贴政策不符合财政收入分配准则，各种公共财政支出必须法制化、规范化。

任何一个国家或政府的财政收支的出发点和最终目标，都是要体现或实现社会公共利益和公共需求。当前，我国财政已经实现了从“国家分配论”向“公共财政论”的转变，财政延伸为政府提供给公共服务或产品的活动，其基本特征是公共性、非营利性、法制性等。大连出台补贴少数人购房政策，显然仍是“国家分配论”思维下的政府任意支配财政的行为，不符合“公共财政”的公共性要求。

公平属于财政分配领域的核心问题，“公平原则”是财政支出必须遵循的原则。具体来说，就是谁承担税负和谁来获得财政支出收益的问题。人们常常用“公平”来评价各种制度或政策，但不同利益群体对“公平”的理解是有偏差的。例如，作为大连市购房政策的受益者，在拿到数万元由众多纳税人承担的“财政补贴”时，会把“十年寒窗苦”纳入到“公平”的范畴来理解。那么，怎样才能确定公平的标准呢？有一个简单的准则：人人退到“无知的幔帐”之后，没有博士、没有公务员等身份，看看你是否还同意政府将这笔“购房补贴”支付给少数人。

当然，“公平原则”并不意味着平均主义，支付给少数人也未必一定不符合“公平原则”。罗尔斯主义公平观认为，最公平的配置就是使一个社会里境况最糟糕的人的福利最大化，这个“最大最小标准”是一个被广为接受的标准。功利主义公平观认为，社会成员总效用最大化是一种公平的配置。用这两个公平的观点来评价大连市的购房政策，博士、硕士、本科等高学历人才显然不是社会困难群体，动用公共财政定向补贴，当然不能实现社会成员总效用最大化。大连市如果将这笔不菲的公共财政，以公租房等形式，为环卫工等城市困难群体解决其住房困难问题，这既符合国务院前不久出台购租并举促楼市去库存的房屋租赁新政精神，更是体现公共财政“善”的关怀。

大连市政府的购房补贴政策，不仅仅是一个政府该不该托房市、如何科学去房地产库存的问题，更是暴露了部分地方政府公共财政支出随意性等问题。如何优化我国地方政府公共财政支出呢？首先，转变政府职能，树立公共财政支出必须遵循市场化、民生化意识。公共财政要求财政支出不能从政府利益出发，必须强化公共性约束。其次，通过透明度高、责任明确的财政支出制度设计，为实现公共财政支出的公平与效率提供制度保障。再次，政府要将公共财政支出的理由、决策程序、决策成本向人大、公众公开，尤其对非公共领域（如经济领域）的每一笔支出都要持谨慎态度。最后，建立科学的事前、事中、事后评价机制，强化财政支出的管理、监督，甚至惩戒。（本文发表于《宁波日报》《上海金融报》）

10. 万科股权之争，独立董事“独立性”是看点

万科董事会关于引入深圳地铁议案会议表决结果引发了系列争议。其最终表决结果为7票同意票，3票反对票，1票回避票。有分析人士认为，独立董事决定了万科重组预案的走向。（《北京青年报》，2016年6月21日）

剧情过于“狗血”，商战无非是利益之争，倒是独董全部支持万科是一大看点，我国独立董事长期被诟病为“花瓶董事”，这次倒是让人刮目。但投向管理层的投票并不能说明独立董事的“独立性”，笔者认为，此次独立董事决定一家公司重大意义，如何独立于管理层、大股东，从而避免存在道德风险隐患，仍触目惊心地摆到了公众面前。如何完善制度缺陷，让独立董事真正“独立”于管理层、大股东，切实维护广大小股东利益，应引起管理层的思考。

看点一：独立董事为何漠视万科公司管理层“内部人控制”？

毫无疑问，万科管理层为了赶走“门口的野蛮人”（宝能系），未经“掌柜”同意（华润多年来并没有侵犯中小投资者利益），以“管家”之身拥戴深圳地铁集团。此举并不是维护中小投资者利益，更不要谈“维护万科文化”什么企业情怀，实质上就是为了维持其“控制权”。然而，管理层以“君弱臣强”格局继续“绑架”万科公司，会存在着较大现代公司治理的“道德风险”，例如：管理层绑架公司利益、失去制衡的权力导致公司决策风险等。内部人控制一直是公司治理之痼疾，毕竟责权利

等的股权才是现代企业管理制度的基石。再则，万科股权结构不稳定并未得到很好的解决，仍是公司长期发展的隐患，万科门口出现“野蛮人”并非第一次。

看点二：独立董事为何漠视万科管理层为一己之私摊薄所有股东权益?

两块地对一家中小房地产公司来说或有价值，但对万科来说恐怕有些言过其实了。万科完全可以用较低代价现金获得的地块，为何以摊薄包括广大中小投资者在内的所有股东权益和盈利来获得呢？独立董事应该代表中小投资者制衡管理层谋求控制权之私，为何一边倒地投入了管理层的怀抱?

独立董事华生等给出了一个貌似合理的解释：停牌时间过长，一旦重组不通过复牌后股价大跌，将损害广大投资者利益。但是，以摊薄所有股东权益代价的重组，能否得到市场的长期看好？资产注入就一定能避免股价“补偿性”下跌吗？事实上许多貌似巨额的优质资产注入的股票也出现连续性下跌。再说，当初万科管理层为了一己之私携裹董事会作出长时间停牌决定的时候，这些独立董事考虑了中小投资者承受复牌连续性下跌的风险了吗?

看点三：独立董事如何避免“独立性悖论”?

暂且不论万科之争的是是非非，而单独立董事，就有许多疑惑：独立董事到底是代表谁？管理层或是大股东？经董事长提名的独立董事怎么可能真正独立于董事会呢？而“拿人的手短，吃人的嘴短”，这些独董每年从上市公司拿到的津贴少则几万元，多则上百万元，又怎么能独立于上市公司呢？不参与公司经营、依靠董事会提供信息的独立董事却要决定一家公司未来走向，而且不是基于个人对公司投资得来的表决权，如何保证其投票准确性及公正性呢？这些都是我国独立董事的“独立性悖论”。

应该说，独董的设立本身没有问题，而我国独立董事制度深陷“独立性悖论”主要是现行的制度还有很大的完善空间。如何完善独立董事制度，切实维护中小投资者利益，管理层恐怕不能只是简单充当“万华之争”看客而已。一是科学设置独立董事的选拔机制，我国目前独立董事的提名和选举基本上由董事会操纵，很难对大股东或管理层独立。二是通过一系列的制度设计能够让独立董事真正代表中小投资者利益。比如大股东、管理层和中小投资者地位悬殊，应该予以必要性倾斜性立法等来保护中小投资者的利益。三是严格规范独立董事的任职条件。应包括利益情感相关的消极任职条件。四是建立责权利对等的激励、惩戒制度。我国独立董事与公司业绩没有太大的关联性，同时也缺乏必要的惩戒机制。（本文发表于《上海金融报》）

11. 以考核指标计分革除一票否决制弊病

2016年6月25日，山西省临汾市政府召开全市涉煤收费清理规范工作会议，贯彻落实省政府6月23日全省涉煤收费清理规范工作电视电话会议精神，确保按时高效完成各项任务。临汾市市长岳普煜在大会上表示，要对不能按期完成工作任务的实行年度考核一票否决。（《山西日报》，2014年6月27日）

近年来，一票否决包罗万象，呈泛滥之势：计划生育、社会综治、党风党纪、信访工作、安全生产、节能减排、食品安全、招商引资、森林防火……恐怕没有一个权威部门能把全国究竟有多少个一票否决说清楚。有媒体报道，一个中部省份的调查显示，该省一票否决高达62项。

笔者认为，滥用一票否决弊病不容小觑，除了保留少数合理的一票否决以外，其他考核应该由科学、细化的考核指标计分来替代简单粗暴的一票否决。

顾名思义，一票否决制就是你的其他工作无论干得多么出色，只要一票否决的工作没有完成，那你在其他工作中所作出的努力都白费了。不可否认，通过硬性设置，建立责任追究制，运用一票否决这一行政手段可以提高各级政府和领导干部的执行力。但目前一些地方没有经过民主决策、广泛征求意见、科学规划，甚至只是领导觉得重要，乱用、滥用一票否决制，所带来的副作用也不能小觑。比如招商引资、整顿黑网吧、打击非法行医等一票否决，成了基层干部一道道不堪重负的紧箍咒，部分基层工作者为了不被一票否决，不得不欺上瞒下、弄虚作假，疲于应付、顾此失彼，更可怕的是，还会导致重硬指标轻软指标、对上不对下等现象，影响了党群、干群关系。有些地方因为某项工作没有达标，结果全部工作被否定，出现“年头一出事，一年全白干；年终一出事，一年都白干”。显然，这一不甚合理的考核方法还会导致另外一个弊病出现：只要年初出了事，那么一年都不会好好干活，明知一项不可能达标，那么其他工作也不会好好干，一票否决制影响了基层干部的工作积极性。

说到底，一票否决制是吏治而非法治，某种程度上说，并不符合依法行政的精神。一票否决多了，不但加大行政成本、消解政策效力，还助长了形式主义和官僚主义，这与当前开展的党的群众路线精神背道而驰。笔者认为，借着党的群众路线反形式主义和官僚主义的东风，除了中央规定的少数合理的一票否决，不妨对各地不合理的一票否决也来个“一票否决”。

如何解决一票否决滥用的情况发生？第一，各级政府必须加强依法行政，从制度层面、法律层面限制考核的随意性，确保设置一票否决制有法律和制度的依据。第二，建立民主、科学的决策机制，一票否决制出台要有一个严格的、科学的程序，广泛征求民意，不能是少数人的个人意志，要有科学统筹规划，比如出台一票否决制，必须由省委省政府统筹审批，防止层层加码导致基层行政机构负担过重。第三，建立一套科学的考核评价体系，细化考核指标，并采用考核指标计分办法，并制定相应的加分、减分办法，例如事关民生的项目分值、权重可以适当高一些，这样既体现了工作的重要性，又不至于出现“年头一出事，全年不愿干”“一项不过关，全部不愿干”等消极现象出现。（本文发表于《法制日报》）

PART 7

民生福利——经济学的“济民”使命

新古典经济学派创始人马歇尔在其代表作《经济学原理》中，开篇就谈到“大城市中的贱民”以及“贫困毁了穷人”等话题。他在书中提出：“所有的人初入世界时都应有文明生活的公平待遇，不受贫困的痛苦和过度机械的劳作的影响，这真是不可实现的吗?”问题的答案并不全部由经济学家来解答，但“这个答案”是经济学“主要的以及最关心的”，并明确指出“经济学研究需要同情心”，“济民”使命跃然纸上。

实际上，古今中外的经济学家都差不多把人文关怀视为经济学的最终归宿。但在当下，我国经济学某种程度上存在一定的误区，将“利己”“利益最大化”的标签贴在了经济学之上。笔者在本章《一流经济学家须厚植“同情心”》等文中呼吁，我国经济学家必须尽快回归，落到“济民”使命之上。

1. 一流经济学家须厚植“同情心”

闻鼙鼓而思良将。在当前复杂多变的国内外经济形势下，如何更好地把握宏观经济大势，更好地应对挑战，是当下中国经济学家义不容辞的责任。2016 年 7 月 8 日，习近平总书记在经济形势专家座谈会上，用大量的篇幅强调了另一个更为重要的命题——要加快培养造就国际一流的经济学家、具有国际视野的企业家。无疑，总书记的论述意味深长，具有非常重要的现实针对性和指导性。

改革开放初期，很多经济学家前辈对我国经济发展起到了巨大贡献，如价格双轨制等经济理论，他们甚至在世界经济学界崭露头角、拥有一席之地，如杨小凯、张五常等。

然而，近年来我国经济学家产生了一些不好的苗头，甚至遭遇了信任危机。部分经济学家成为“明星经济学家”“炒作经济学家”“泡沫经济学家”，哗众取宠，频频占据舆论的头条，甚至沽名钓誉，“儿戏化”发表观点误导经济政策，也深受公众的广泛批评，更是让国际经济学家贻笑大方。而严肃的经济科学研究与分析却相对匮乏，经济学的解释力和引领实践的能力出现弱化。

与此同时，我国经济学还步入“实证化”“数学化”的误区，出现了一些“以毛相马”“行必去罗马言必称希腊”等不良倾向。诚然，数学具有逻辑严谨、不易产生歧义等特点，对促进经济学发展起到巨大作用。著名经济学家凯恩斯批评数学形式主义时说：“在一堆自命不凡和无用的符号中，它使作者看不见现实世界的复杂性和相依性。”经济学与道德哲学的分裂，导致经济学对现实指导的扭曲。例如：“中国的贫富差距还不够大，只有拉大差距，社会才能进步”“自行车的污染比汽车更大”……

表面的荒诞不经，并非是理论和工具的缺失，实质上是“人文关怀”“伦理价值”的缺失。因而，培养造就国际一流的经济学家，还须厚植“同情心”（经济道德哲学），以防止价值取向不当、理性分析偏差。

古今中外，无不将“人文关怀”作为经济学的最高境界和最终归宿。“经世济民”，是我国古代圣贤对“经济”一词的理解。《抱朴子·审举》谓：“故披洪范而知箕子有经世之器，览九术而见范生怀治国之略。”《晋书·殷浩传简文（司马昱）答书》：“足下沈识淹长，思综通练，起而明之，足以经济。”充分体现经济学厚生、惠民的人文主义思想。新古典经济学派创始人马歇尔指出，纯粹智力，甚至是批判的能力，在研究中至关重要，但经济研究还需要有同情心，设身处地为人着想。

某些经济学家谈到“现代经济学之父”亚当·斯密，往往只知其不朽巨著《国富论》“利己”一面，而忽略他的“同情心”与“利他”的一面。实际上，《国富论》只是“半个”亚当·斯密，因为他还写下了另一部传世巨著——《道德情操论》。《道德情操论》把同情和关心他人作为社会行为的基础，《国富论》把“利己”作为经济发展的前提，两者一起建造了理解社会生活的两根支柱。正如诺贝尔经济学奖得主米尔顿·弗里德曼曾经说过的：“不读《国富论》不知道应该怎样才叫‘利己’，读了《道德情操论》才知道‘利他’才是问心无愧的‘利己’。”离开了《道德情操论》，就无法真正理解《国富论》，离开了经济发展的最终目的，来谈“利己”这一经济发展的动力就失去了发展的意义了。

毫无疑问，经济学作为一门社会科学，不同于自然科学，有其深刻的社会环境，我们在对一些经济问题或事实作“对错”“好坏”判断之前，必须要以伦理价值为基础。缺乏人文关怀的经济学判断，容易导致形式的“科学化”，带来的是“反科学化”“反人性化”的结论。例如：前不久，某大学教授撰文表示“收入低的男人怎么办呢？一种办法是几个人合起来找一个老婆。”引发舆论哗然。

无论是赞成或者反对马克思的人，都公认其是伟大的经济学家和思想家，其原因就在于马克思经济学理论中展示了强烈的人文关怀精神，这更是一切伟大的经济学家共同的特点，更是他们理论经久不衰的最主要原因。

2. 食品摊贩合法是亮丽民生风景

《广东省食品生产加工小作坊和食品摊贩管理条例（草案）》日前进入人大审议阶段，这一草案规定小摊贩无须工商登记，只需到乡镇人民政府或者街道办事处申请办理食品摊贩登记卡后即可经营。这有望改变城市小摊贩在法律法规上面临的尴尬局面，使其明确获得合法经营身份（《法制日报》，2014年7月14日）。

近年来，城管与小摊贩之间的“游击战”始终没有得到很好解决，城管的暴力执法和小摊贩的暴力抗法时有发生，甚至造成双方互有伤亡的悲惨事件。“城市要好看，摊贩要吃饭”，城管与小摊贩之间的矛盾在中国这个人口大国恐怕一时难以纾解，但给小贩一定的生存空间应成为注重民生的一项务实之举。笔者以为，广东使摊贩获得合法身份尽管只是开了“食品类”一个小口子，但对减轻城管执法压力、缓和城管和小贩的矛盾、改善民生都是一个有益的探索。

城管常常说自己也是弱小群体，这未免有些矫情，而小摊贩是生存在城市底层的群体之一则是不争的事实。君不见，某地城管招考，名校硕士、名校本科毕业生打破头去报名、去竞争；而小摊贩绝大多数生存艰难，靠与城管玩“猫抓老鼠”的方式，起早贪黑每天辛劳赚几十元钱度日。如果有更好的生存方式，相信谁也不愿选择做小摊贩。

市容市貌是目前禁止小摊贩的一个最重要的理由。笔者以为，城市的市容市貌只是一个观感问题，而罔顾底层人群生存难题的市容市貌是不道德的。笔者做记者时曾经在广州接触过不少艰难生存的人家，每天靠几元钱，他们几乎以一种超乎我们当今想象力的生活状态在艰难活着，难道我们为了面子光鲜而失去一个人基本的悲悯天性了吗？让那些生活无着之人为了生存而合法摆摊，就算牺牲一点所谓的市容市貌，又算得了什么？更何况，摊贩合法有序地摆摊，未必会影响市容市貌，有时反而会让城市变得更光鲜、更富有人情味。关爱底层人群，是一个城市最为亮丽的民生风景。

从国外城市对街头摊贩管理的发展历史上看，也都经历了从绝对禁止到逐步开放管理的发展阶段。如果我们的城管将追赶摊贩的时间与精力，用来积极引导摊贩，向着规范、卫生、文明的方向去发展，也一样能达到改善市容的效果。拿广州的报摊来说，合法化之后，他们不仅方便了市民购买报纸杂志，而且同样成为城市的一道风景线。正如专家建议的那样，划定区域和时段，让其有序经营，可以让更多的人拥有谋生的渠道，也不至于影响市容。

退一步来说，摊贩们愿意付出自己的劳动谋生，足以证明他们是老实守法的公民，我们不能把他们的出路都堵死了。曾经有报道估算，我国有3000万小摊贩，加上他们背后的家庭，这绝对不是个小数目，这次广东新规涉及80万人，只是很小的一部分。难道非得让他们等着国家并不宽裕的财政来救济？这恐怕比市容市貌更现实吧。（本文发表于《人民日报》《法制日报》）

3. “旅游扶贫”需立足贫困人口受益

记者日前从广西壮族自治区旅发委了解到，2015年全区旅游脱贫人口11.05万人，“十二五”期间，通过旅游的“乘数效应”，共实现脱贫人口73.32万人。（《海南日报》，2016年2月16日）

最早提出“旅游扶贫”是20世纪80年代，我国一些地方政府在“旅游扶贫”方面作了许多有益的探索，取得了显著成效。一方面让贫困地区的人们实现了脱贫致富，如：广西“十二五”期间，通过旅游共实现脱贫人口73.32万人；另一方面也使得不少位于贫困地区内高品质的风景区被陆续开发，也丰富了我国旅游产品市场。

需要指出的是，“旅游扶贫”不能简单地等同于“经济欠发达地区的旅游项目开发”，从国内外的研究来看，单纯的旅游开发，不一定能达成“扶贫”的目标，“旅游扶贫”需立足贫困人口受益，正视扶贫与单纯旅游开发之间的矛盾，设置一些指标，把扶贫行动真正纳入到旅游开发的系统运作之中。

首先，精准“旅游扶贫”的目标和对象。真正意义上的“旅游扶贫”是以消除困难群体的贫困状态为核心目标，旅游业只是手段和途径。“旅游扶贫”的对象要区别两个重要的概念：“贫困地区的人口”或是更为明确的“贫困地区的贫困人口”。显然，生活在贫困地区的未必都是“贫困人口”。“旅游扶贫”的受益者当然不能只局限于贫困人口，但必须设置一些更为精细、明确的指标，如贫困人口在旅游开发中的有效参与；贫困人口的直接受益；受益人口中贫困人口比例；旅游创造就业机会中的贫困人口比例。避免用旅游收入、旅游创造就业机会等笼统的数据，造成旅游开发与扶贫脱节。

其次，因地制宜实施“旅游扶贫”项目。我国很多贫困地区交通极为不便，生态环境恶劣，文化教育落后，不具备“旅游扶贫”的基本条件，实施“旅游扶贫”的地区“主要是具有一定旅游发展基础的经济欠发达地区”。同样，并不是每个具有丰富旅游资源的贫困地区都适合开发旅游业。“旅游扶贫”操作起来远比“救济式扶贫”复杂得多，有些地区见邻近县市开发旅游业效果颇佳，头脑发热，盲目投资，结果开发的“景点”冷冷清清，游客寥寥无几。旅游业有其独特的运行规律，“旅游扶贫”必须要按照旅游业发展的内在规律办事，科学规划，精心谋划，避免政府“拍脑袋决策”和“一手代劳、全部包办”。

再次，注重与其他产业的协同发展，发挥“扩散效应”。旅游业对其他产业的带动作用，是“旅游扶贫”中经常强调的一个优势。单旅游而论，旅游对贫困人口的吸纳有限，如果能够很好地以旅游产业为导向，注意建立第一、二、三产业与旅游市场之间的联动机制，将农、林、牧、副及当地企业融入旅游业中协同发展，那么，“旅游扶贫”实现“扩散效应”，从而能取得更大的扶贫效益。

最后，建立“旅游扶贫”市场机制的“扶贫”约束。“旅游扶贫”的特殊性在于，一方面要依赖市场机制运行，而另一方面却要超越一般市场机制运行。应当清楚地看到，扶贫目标有时候与市场机制运作之间存在矛盾，外来投资者的资本优势和市场经验往往使得本地人群无“招架之力”。完全依靠市场机制运行，是不会自动关注政府扶贫目标的达成。“旅游扶贫”必须建立起“扶贫”约束，以避免“市场失灵”。如通过政策、法规等，保证贫困人口在一些特定旅游产品的优先权；将扶贫的内容和行动纳入到旅游开发、规划和实施当中；通过契约和行政手段，监督扶贫目标的实施。（本文发表于《甘肃日报》）

4. 摸准“穷根”方能精准扶贫

日前，广西壮族自治区党委书记彭清华深入国家扶贫开发工作重点县广西罗城仫佬族自治县，了解贫困现状、剖析致贫原因、摸清帮扶需求，并就如何实施精准识别和帮扶进行深入思考，对各地推进扶贫攻坚工作具有重要参考价值。（《广西日报》，2015年11月27日）

一是扶贫对象精准识别。精准识别扶贫对象是搞好扶贫攻坚的基石。2014年年底，广西农村贫困人口有538万人，此数据只是按照国家贫困线标准界定的一个大帽子，帽子下面的贫困人口具体分布情况以及贫困群体内部各自贫困状况还要“精确制导”。实现这一点，正如彭清华所言，一方面要建立一套科学合理的评定指标体系，即建立一套包括其家庭成员、收入、住房、耕地、生产资料、劳动力乃至孩子上学情况、病残家庭成员等要素在内的综合指标体系；另一方面，还需要各级领导干部尤其是下派干部、贫困村第一书记、村级组织和村干部经常性深入贫困户，严把群众申请关、入户调查关、民主评议关、公示监督关、审核确认关，确保公开透明、公平公正、群众满意。

二是扶贫资源精确配置。如果说精准识别是“诊断”贫困现象，那么扶贫资源精准配置则是对症下药。广西山区面积大，村屯小而分散，一村多屯较为普遍，不同的贫困村屯、贫困人口，在贫困程度、致贫原因、帮扶需求上有很大差别。往往是这家缺劳力，那家缺技术；这个组要修路，那个屯要通水。有限的扶贫资源必须精准配置，药方和病症得一一对应，不然大水漫灌、吃大锅饭，浪费低效不说，还容易产生寻租空间，造成贪腐。必须以贫困户和自然屯作为精准识别的基本单元，以行政村作为产业开发规划的重点，对不同的贫困对象采取差异化帮扶措施。要逐村逐户制定帮扶计划，使所有扶贫措施与贫困识别结果相衔接，因村施策、因户施策、因人施策，使每一分钱真正用在刀刃上。

三是扶贫目标精细管理。广西需要搬迁的贫困人口达100万，如何确保他们搬得出、稳得住、有收入、能致富，是广西脱贫攻坚的一块“硬骨头”。各级党委政府要围绕这块“硬骨头”，制定出具体工作目标，因地制宜甄选一批扶贫开发项目。按照《财政专项扶贫资金管理办法》，认真做好扶贫项目的筛选、立项、申报、审核、实施、验收等工作，定期对扶贫资金进行审计、监察、检查，确保资金安全、规范运行。同时，依托现代互联网技术，全面建立上联“全国扶贫信息网络系统”、下接贫困县、乡、村的“一平台、两系统”扶贫对象动态化信息管理体系，实时、全面、准确地反映帮扶措施的制定、帮扶目标任务的设计、帮扶成效的实现等，实现扶贫对象有进有出。

四是脱贫责任精准考核。脱贫攻坚战是硬仗、是决战，来不得半点虚假。如果目标明确了，文件出台了，军令状下了，但责任不能落实，无异于空喊口号。要在依托中央统筹、省负总责、市县抓落实的管理体制，片为重点、工作到村、扶贫到户的工作机制，党政一把手负总责的扶贫开发工作责任制的基础上，不断完善对各地各部门扶贫业绩考核的指标体系和评价办法，全面建立以精准扶贫为导向的奖惩机制，实行精细化考核，奖优罚劣。同时，建立健全动态跟踪督察考核体系，分时间分阶段对扶贫工作开展情况进行深入细致的督察考核，对扶贫开发责任感不强、工作不力、工作滞后的地方和单位有关责任人进行严厉问责。（本文发表于《经济日报》）

5.“扶贫牛”“扶贫羊”该怎样“养”？

在崇左市脱贫摘帽推进大会上，市委书记刘有明提到了这个“梦”：“我有一个‘养牛梦’。10年前任扶绥县委书记时，我就力推养肉牛。”该市依托全国“糖都”充沛的甘蔗支柱产业资源，启用“政府+龙头公司+科技+贫困户”的精准扶贫的产业模式，创新探索出一条政府、公司、农户三方共赢的扶贫新路子。通过龙头企业引领和推动生态肉牛养殖产业的发展，使扶贫产业真正实现“扶得上、扶得准、扶得稳、扶得久”。（《左江日报》，2016年8月3日）

通过扶持养羊养牛等养殖业让农村贫困户脱贫致富并不是什么新鲜事，尤其是在产业扶贫被中央确定为脱贫攻坚重头戏的时代大背景下，在全国各地更是方兴未艾。究竟“扶贫牛”“扶贫羊”该怎样“养”呢？换言之，农村产业扶贫究竟怎样才能做到“扶得上、扶得准、扶得稳、扶得久”呢？笔者认为，产业扶贫需要充分发挥好两只“手”的协同作用，政府的“有形之手”一手牵着市场“无形之手”，一手牵着贫困户，才能真正实现消除贫困的目的。

没有产业发展带动，没有产业的支撑，很难脱贫。道理很简单，但产业扶贫实施起来却相当不容易。农村贫困地区之所以长期贫困，是因为受到贫困文化、资源、资金、人才、市场等诸多因素掣肘，一方面导致贫困人口深陷“贫困陷阱”（没有外力的帮助下，贫困人口无法摆脱贫困的境况）不能自拔；一方面导致公司不愿意涉足“经济赤地”。那么，必然需要政府伸出强有力的“有形之手”将贫困人口拉出“贫困陷阱”，这也是政府义不容辞的责任。

但是政府“有形之手”却存在一定的弊病。近年来，政府“有形之手”积累了不少产业扶贫的成功经验，但在“精准”上的教训也不少。此前，有不少新闻报道，政府给贫困户送去“扶贫牛”“扶贫羊”，结果有的送去的牛羊品种水土不服，天热死了；有的农民没有技术养不好，没有市场卖不起价钱；有的干脆被农民过年过节杀了。甚至还有些引进工业类等“高大上”产业扶贫项目，但结果都不甚理想。

毫无疑问，产业扶贫必须要明确其产业的市场经济属性，要充分发挥市场“无形之手”配置资源的力量，遵循产业发展特有规律。同时，我们还必须清醒地看到，产业扶贫除了“产业”的属性以外，还有“扶贫”的特殊属性。致力于反贫困研究的经济学家通过大量的数据总结发现，市场“无形之手”在反贫困上面存在一定的“市场失灵”，经济的增长并不能保证贫困降低，公司在贫困地区的盈利也未必能达成政府扶贫的目标。

因而，产业扶贫要求一方面依靠市场机制运行，而另一方面又超越一般市场机制运行。在崇左市的“扶贫牛”里，突出了“政府＋龙头公司＋科技＋贫困户”的产业发展模式，这一模式以龙头企业找准市场（进入家乐福、沃尔玛等大型国际超市，还远销俄罗斯、以色列等地），提升了产品的价值链（开发多样化、系列化牛肉制品）；而政府投入扶贫资金、协调金融机构、引进先进技术等，弥补市场机制的不足，并建立起和市场与贫困户的有效连接，可以说是找准了政府、公司、贫困户多方共赢的结合点，两只“手”齐心协力将产业扶贫“扶得上、扶得准、扶得稳、扶得久”。

产业扶贫的持久生命力还需根植当地的资源禀赋，建立起产业的“比较优势”。比较优势理论告诉我们，经济贸易总是按照“比较优势”进行资源配置的，“一边是烧掉的数量巨大的甘蔗尾叶，一边是渴望脱贫的34万贫困群众，两者能否产生交集？”正是刘有明这个思考，构建起崇左市“扶贫牛”这一产业扶贫模式的“比较优势”——丰富的甘蔗尾叶资源为养牛业供给了廉价的饲料来源，降低了成本；绿色生态的饲养方式，提升了养牛业的产品附加值。与此同时，农户通过卖甘蔗尾叶增加了收入。这显然是一个根植于当地自然资源禀赋的好模式。

产业扶贫不易，但只要发挥好两只“手”有效配置资源的作用，引导各方力量参与产业扶贫，就一定能够做到精准扶贫、拔除穷根。（本文发表于《经济日报》《上海金融报》）

6. 公务员涨工资切莫“东向而望，不见西墙”

公务员工资收入是社会的焦点。一边是基层公务员为收入低对媒体大吐苦水，一边是公众对公务员优厚福利的“吐槽”。国家公务员局相关领导日前表示，公务员工资应该上涨，目前中央已责成有关部门调研，而公务员的灰色收入也应通过一系列措施解决。公务员工资该如何调整，公务员工资目前的现状又如何，日前，中国青年报记者采访了中国劳动学会副会长兼中国劳动学会薪酬专业委员会会长苏海南。（《中国青年报》，2014年6月22日）

今年以来，是否该给公务员涨工资的话题引发全社会关注。笔者今年从北上广到基层工作，有着真实的感触：大部分公务员工资收入确实偏低，应该涨工资，但普通民众收入水平增幅更低。笔者以为，公务员涨工资不能盲人摸象，只看到公务员收入偏低，而忽略广大民众的收入水平，“东向而望，不见西墙”的解决问题方式，只能造成更大的社会割裂，公务员涨工资的前提应该是，提前或者同步大力提升普通民众的收入水平。

应当公正地说，我国绝大部分公务员收入确实偏低。据今年 2 月份媒体报道，因其查询密码设置得过于简单，有网友从湖南冷水江市财政统发工资信息网站查到该市公务员的绝大多数财政统发工资水平在 2001 至 4000 元之间。网友大呼意外，并称“好低哦，靠这工资买房，要到下辈子吧。”实事求是地说，冷水江市的情况是真实的，而且我国绝大多数公职人员收入大致是这个水平。以笔者为例，博士毕业引进到西部一家地级市的事业单位工作，全年所有收入平均每月大约 3000 元出头。县一级水平更低，笔者去年年底在湖南老家看到过县检察院的工资单，全院最高工资不超过 3000 元/月，年轻干部仅仅 2000 来元/月。这工资水平能够维持电话费、食宿、正常人际来往等费用就已属不易，如果想要买房子、养家糊口，就必须要“啃老”，或者增加些“其他”收入来源。而北上广公务员工资相比当地的物价水平也不算高，靠工资买房子也是奢望。既要马儿跑，又要马儿不吃草，结果马儿只能吃窝边草。因此，2014 年两会期间，全国政协委员、国家公务员局党组书记兼副局长杨士秋说：“毫不含糊地讲，我认为应该为公务员涨工资。”这也是有一定道理的。

公务员工资偏低不假，但为什么民众如此强烈反感公务员涨工资呢？苏海南分析说，少数公务员腐败突出，导致老百姓以偏概全；公务员收入分配不透明，导致普通老百姓不了解情况，产生误解错判；还有就是公务员热仍不降温，形成反差。笔者认为，这都不是最为主要的原因，根本问题是我国普通民众收入更低。国家统计局今年公布的数据显示，2013 年农村居民人均纯收入 8896 元，比上年名义增长 12.4%，扣除价格因素实际增长 9.3%，比上年回落 1.4 个百分点。去年全国城镇居民人均可支配收入 26955 元，扣除价格因素实际增长 7.0%。这只是数字，而考虑我国实际货币增长率、物价实际上涨幅度高于统计数据等实际因素来看，我国城镇居民人均可支配收入和农民人均纯收入等情况还是相当不容乐观的。社会比较理论提示我们，如果只是公务员涨工资，而普通民众收入不增加，或者过高于普通民众收入增加幅度，那么普通民众必然会产生不公平的感觉。

民众的公平感到达一定阈值必将会影响社会稳定，要想消除公务员涨工资的不公平感，仅仅靠沟通、公开透明是远远不够的，一个重要的手段就是，千方百计提升普通民众的收入增长水平和幅度、减轻负担、增加民生福利（医疗、教育等），别无他途。（本文发表于《北京晨报》）

7. 收入分配改革需遵循分配正义

国家统计局日前发布数据，根据城乡一体化住户调查，上半年全国居民人均可支配收入 10931 元，同比名义增长 9.0%，扣除价格因素实际增长 7.6%。按常住地分，城镇居民人均可支配收入 15699 元，同比名义增长 8.1%；农村居民人均可支配收入 5554 元，同比名义增长 9.5%。全国居民人均可支配收入中位数 9700 元，同比名义增长 10.5%。（央广网，2015 年 7 月 15 日）

居民收入增长高于 GDP 增长，也高于财政收入增长，尤其是农村居民收入增长快于城镇居民收入增长，这无疑是一件好事。不过，居民收入“做大蛋糕”更需“分好蛋糕”。居民收入增长数据的背后，我们更需要关注收入分配公平，宏观上从政府收入向企业、居民倾斜，缩小城乡收入差距；微观上更要注意效率、公平等分配目标、分配制度、分配过程、分配结果的价值取向，实现分配正义。

分配是社会再生产的重要环节，公正合理的社会财富分配体系，是社会经济良性运行的基石。那么如何才能“分好蛋糕”呢？

首先，分配改革仍需以效率为导向，有效配置各种资源要素，实现社会整体福利利益最大化。效率简单地说就是投入与产出的比例。各种资源要素是稀缺的，有效利用并最大限度满足人们的需求，仍然是我国经济社会的基本要求，这并不只是一个纯粹的经济目的论，更是一个社会价值论。因此，不能搞“平均主义”“大锅饭”，劳动、资本、土地、技术、知识、企业家才能、人力资本等各种要素分配改革不能削弱激励作用、降低效率；税收等分配手段改革也不能对激励因素、经济效率造成过大的“无谓损失”。当然，效率并不是分配改革的唯一价值目标，效率更不是极端狭隘的“经济效率最大化”，更要符合现代文明运行的基本要求，例如：效率应当受到社会公共利益、环境污染、人民群众的身心健康等约束。

其次，分配改革需以公平为导向，通过制度安排保障“竞争的公正性”，实现经济社会和谐发展。公平与效率并非不可共存的矛盾，严重的贫富差距、两极分化会导致低收入者失去劳动积极性和社会的不稳定，最终导致无效率。同样，公平并不意味着收入结果上的绝对平等，是可以承认差异的存在。将“公平”理解成“均等”是极端狭隘的，分配公平重要的是坚持机会和过程的平等，保证竞争的公正性。公平导向承认人在自然禀赋的先天不平等，但政府要以公正的政治、经济、法律制度，最大限度地克服人在后天发展的不平等，使得人们通过自己的努力改善生活状况。分别改革当前尤其要注重采取措施保证起点公平，如：城乡“二元化”结构导致城镇居民和农民的不平等待遇；官二代、富二代问题。

再次，加大社会保障等民生化投入，最大限度地增加困难群体福利。应该承认，效率原则在一定程度上会导致贫富差距的扩大，而绝对的平均主义同样会降低社会总福利，过度采用税收、提升困难群体工资等直接进行“劫富济贫”会出现“奖懒罚勤”的情况。加大社会保障、教育等民生化投入，既能改变困难群体的境况，也能使得效率原则得到满足，同时促进社会总福利。

最后，同步提升企业劳动生产率，避免居民收入增长“单腿”走路，成为无源之水无本之木。收入分配改革的三个主体无非是政府、企业、个人。在国民收入分配关系中，我国政府收入、某些行业收入比重过高，劳动报酬比重偏低，虽然近年来农民工工资增长较快，但这里面有很多是欠账的原因，政府应该通过厉行节约，“让利于民”。如日前公布的中央机关“三公经费”大幅降低。值得注意的是，劳动生产率是分配调整的基础，如果仅仅是居民收入增长“单腿”走路的话，就有可能影响我国企业的竞争力，甚至是生存和发展，也会是无源之水无本之木。换句话来说，不能靠简单提升企业工人工资，这会加重企业负担，目前东莞等地制造业企业工人工资不堪重负甚至导致企业倒闭，在这个意义上而言，居民收入增长脱离劳动生产率是不可持续的，对经济也是一种威胁。收入分配改革不仅要关注直接收入数据的调整，还要加大对国民的教育、培训等，提升劳动者素质、政府简政放权释放企业的生产力，以提升生产效率。

总之，正如美国学者奥肯所提出的“在平等中注入一些合理性，在效率中注入一些人道”，遵循分配正义，不断深化分配体制改革，才能实现居民收入可持续、健康增长。（本文发表于《经济日报》《甘肃日报》）

8. 学者言论应多些民生视角

最近，在养老金个人账户面临亏损风险如何应对的问题上，有专家建议改革继承制，允许个人账户“充公”；还有学者建议提高个人缴费比例，引来满城风雨，公众一片谴责声。（《经济参考报》，2015 年 5 月 6 日）

其实，这并不是专家学者与公众之间的首次冲突，近年来类似“雷人雷语”几乎没有间断过。“中国煤矿死人无法避免的原因是中国人太穷了。谁让你不幸生在了中国了?”“自行车的污染比汽车更大”“中国目前为什么穷人上不起大学？是因为收费太低。”“中国的贫富差距还不够大，只有拉大差距，社会才能进步”“中国穷人为什么穷，因为他们都有仇富心理”……不要以为这些“雷人雷语”是出自没有文化、没有见识的市井乡民，它们都是出自院士、著名经济学家、我国一流学府的学者之口。因此，公众没有理由质疑他们的智商，而是将矛头直指少数学者的道德良知。

这不是公众对学者过于吹毛求疵，这类“雷人雷语”的确折射出少数学者对老百姓利益的漠视和对复杂情况的简单化处理。笔者认为，过去我国秉承的是效率优先的社会经济发展导向，现今已进入效率、公平兼顾社会时期，学者以顺应时代变化，应树立民生情怀，发表言论、观点时应从公共视角、民生视角出发。

拥有强大话语权的专家学者，不能“任性”“简单粗暴”地曲解学术自由的含义。明初有位叫作宋濂的学者说：古人为学，使心正身修，措之行事，俯仰无愧而已。当今学者应秉承古人治学之风。现代公共政策学更是把专家学者视为影响公共政策过程的重要主体之一，其作用和影响力远远超过公众，直接影响社会公共利益的形成。在这个意义上，专家学者虽然有自由表达个人观点的权利，但也要承担起相应的社会责任，在面对公众发表言论的时候，应该站在社会大多数人的立场，要有“为天地立心，为生民请命”的民生情怀，对社会、公众负责，更是对自己负责。

学者对公众发表言论，尤其是涉及民生的经济生活领域，应注意以下三个方面：

第一，应防止价值取向不当、理性分析偏差。学术观点及言论需以正确的价值取向为内核，以理性分析为基本出发点。就以养老金个人缺口为例，个人账户“充公”会削弱社保制度的激励性，对于早逝的人也不公平；提高个人缴费比例，与我国公共财政民生化增长预期不符。“煤矿死人是因为中国人太穷，谁让你不幸生在了中国”的言论完全违背人性，不值一驳。“上不起大学是因为收费太低”，是因为学者没有理性分析中国与美国教育制度的差异。

第二，应关注公众的心理预期。现代政策已经具有显著的公共利益性，即公共政策需以大多数公众的利益为逻辑出发点，不能从少数人或个别团体利益出发，更不能仅仅考虑单纯的行政机关利益。因此，专家学者要强化公共责任，关注公众的心理预期，关注公众的需求和行为方式，与公众建立良好的伙伴关系，与社会、与群众“同频共振”。

第三，应树立起公共利益最大化的理念。学者对公共议题应树立起公共利益最大化的价值目标，任何利益不以损害公共利益为前提。公共利益至少包括以下内容：一是公正无偏，以无私无偏的态度，对当事人、利害关系人、社会大众等通盘谨慎考虑；二是个人受益，无论采取何种方案，最终受益人必须落到一般人民身上；三是劣势者利益最大化。即在社会上居劣势地位的群体和个体能够得到最大的关照，享受最大的利益。四是分配普遍。应尽可能使受益者扩大，尽量使利益普及于一般人，而非少数人。（本文发表于《经济日报》《甘肃日报》）

9. 社会平均工资统计亟须改革

随着上个月社会平均工资上调，7 月起深圳等地均调高了养老保险缴费基数、基本医疗保险一档的缴费基数、生育保险缴费基数，这意味着企事业单位及个人缴费将有不同程度的提高。(《深圳商报》，2015 年 7 月 8 日)

前不久，媒体报道了我国社会平均工资的不合理性：没有包括低收入群体、行业收入差异较大等。显然，社会平均工资成了“劫贫济富”的帮凶，有违公平原则，亟须朝着关注低收入群体福利最大化方向改革。应将低收入群体纳入社平工资采取更合理的分行业、中位数等指标，着力消除“被平均”现象。同时，加快社会收入分配改革，低收入群体得到社会的最大关照，从根源上消除“被平均”。

低收入群体未纳入社平工资，却要因此多交社保费用，有违公平原则。两个高薪的人一平均，却要把这个平均值安置到第三个穷人身上，如果三个人平均好歹还能降低一些平均值。更冤的是低收入人群还要为“被平均”埋单，多交社保费用——社会平均工资直接与各项社会保险缴费工资基数和缴费金额实行联动，这样一来，农民工等低收入群体成了社平工资的直接受害者。他们或职业技能缺乏，或年龄偏大等，面临就业市场淘汰更新压力，在就业市场上议价能力较差，工资收入十分微薄，却还要因为不合理的社平工资而使得社保费用个人缴费部分提高，导致每月到手的直接收入下降。同时，社平工资提高还直接提升了社保费用的企业缴费部分，导致近年来企业社保负担不断加重，也直接弱化了低收入群体的就业竞争力，使得低收入人群“雪上加霜”。

社会平均工资即使将低收入群体纳入统计范围，也存在很大的不合理性。我国地域辽阔，行业众多，各个地区、各行业收入差异较大，例如在金融机构等普通职工年收入轻松达到 20 万元，而很多行业的职工年收入不到5万元。少数人的高薪就能大幅度拉高平均工资，这是我国目前收入分配中无法回避的现状。

实际上，统计部门很早就意识到社平工资的不合理性。早在2009年，国家统计局人口和就业统计司司长冯乃林在接受采访时，就已经承认只公布平均工资有所不妥，“我们统计中的最大的问题也就是现在我们平均工资的数不能够反映出差异……一个普遍的大家的感受就是‘平均工资’掩盖了工资分配中的比较大的差异，或者说是不平等。”“我们现在一共有平均数、中位数和众数这三个数值可以代表这个平均额度，我觉得除了平均数，如果我们能够发布‘工资水平中位数’或者‘工资水平众数’可能更容易被公众理解。”遗憾的是，时至今日也没有见到统计部门的作为——对社平工资进行改革。

现代公共决策理论要求，公共决策必须遵循困难者利益最大化原则，即在社会上居困难地位的群体和个体能够得到最大的关照，享受最大的利益。

第一，相关部门必须尽快将低收入群体纳入到社平工资统计范围，使得基础性数据更具公平性、合理性。第二，进一步细化各地区、各行业的工资水平平均值、中位数、众数等，并以此设置各地区、各行业的社保缴费基数和金额。第三，要出台困难群体社保缴费补贴机制，以弥补地区、行业收入差异所导致的社保缴费差异。比如，一些农民工从社保缴费标准较低的地区到北上广等一线城市打工，可能会因为社平工资的快速调高而弃保等。第四，必须加快收入分配改革，从根源上尽可能减少“被平均”。收入分配状态关系到一个国家经济生产力可持续发展，在初次分配和再分配上，要从全社会和长远利益出发，缩小贫富分化，使社会财富在尽可能多的社会成员之间得到尽可能公平、合理的分配。

（本文发表于《甘肃日报》）

10. 没必要为“富二代”操心

2014 年 7 月 20 日，广东东莞市长安镇第五届长安“骄子计划”正式开营，吸引了 3500 多人报名。长安镇宣传文体局局长黄晓丽经常接触这些“富二代”，深深体会到因为长期忽略精神与品行的塑造，让长安甚至东莞的“富二代”们对未来充满迷茫。于是，一项由长安镇宣传文体局出资出力、策划执行的青少年培育项目“骄子计划”，就这样起航了。五年来，近万名长安“娇子”接受了“骄子计划”的培育，展现出“不可思议的”巨变。(《羊城晚报》，2014 年 7 月 22 日)

五年时间培训近万名“富二代”，估计政府要花不少钱。读到这则新闻笔者脑海里显现了两幅画面：一是广东佛山、浙江义乌等地出资培训“富二代”的情况；一是某位留守儿童暴力对待同伴、充满戾气的画面。政府有限的精力和财力应该更多地向“穷二代”等困难群体倾斜，为他们雪中送炭，“富二代”的教育问题完全可以由市场来配置。

笔者曾多次呼吁，不要夸大“富二代”精神缺失的问题，对少数问题“富二代”管中窥豹得出的结论是不全面的。有问题的“富二代”占整个“富二代”群体的比重有多大，他们身上的问题是否严重到了值得政府出手挽救的地步？

笔者接触过的“富二代”为数不少，其父母给了他们最优质的教育机会、良好的经济基础和社会资源。前不久，与一个富翁吃饭，他说儿子和几个伙伴的一个商业创意不错，准备拿出 1000 万元让他们练练手，即便全亏了，只要能让儿子在实践中成长也不错。在浙江，一个 22 岁的小女子，已经是浙江某县和四川某市两个大型房地产项目的独立负责人，笔者亲眼目睹她在一场大型明星演唱会上，面对万余人就企业文化、愿景、社会责任侃侃而谈，其协调能力、表达能力让我深感虚度光阴。有这样的历练机会和良好的教育机会，他们成才的概率会比“穷二代”低吗？我们的社会和政府没有必要为“富二代”的教育操心，他们的父母不可能吝惜钱财，不给子女良好的教育。看看欧美名校里的中国留学生，看看清华、北大等名校的学生，是“富二代”多还是“穷二代”多?

保证社会公平是政府的职责，政府的公共资源更应该配置给那些没有支付能力的“穷二代”。来自全国妇联2013年的数据显示，我国农村有6000多万留守儿童，他们不要说接受优质教育，连父母在身边陪伴其成长都是奢望，因此导致不少问题。不久前，一名留守儿童被接到在东莞打工的父母身边，因为嫉妒弟弟有父母长时间的爱护，而把亲弟弟杀死。每年暑假，都会发生留守儿童溺亡的事件。看到这些新闻，笔者忧虑不已，留守儿童们显然比“富二代”们更需要关爱。（本文发表于《中国青年报》）

11. 以市场手段提升养老服务社会供给

在养老床位方面，按照国际通行5%的老年人养老机构入住率标准保守估计，当前全国机构养老床位需求约为1010万张，而目前养老机构总床位数为551万张，缺口达509万张。这也从侧面反映了社会资本介入养老服务业的必要性。根据民政部今年1月公布的数据，一半以上的民办养老机构收支只能持平，40%的民办养老机构长年处于亏损状态，能盈利的不足9%。(《21世纪经济报道》，2015年6月8日)

民办养老机构提供养老服务是一项具有显著“公共利益”的商品，这类商品如教育、医疗被称为公益品。40%民办养老机构长年处于亏损状态，能盈利的不足9%，长期下去必将导致民办养老机构减少，从而出现此类公益品因“市场失灵”引发供给不足。笔者认为，在我国公共财政并不充裕的情况下，养老服务全部由政府“包办”是不现实的，必须充分运用市场手段，如政府购买服务、向社会机构提供激励等，从而增加养老服务等公益品的社会供给能力。

我国老年人口庞大，养老机构床位需求缺口很大，大幅增加养老设施和服务投入已是当务之急。据保守测算，我国养老机构的床位缺口数量在500万以上，尤其是传统的家庭赡养模式受到人口结构变化、经济发展等影响后，类似幼儿园“入托难”，一些一线城市出现“托老难”现象。公办养老院床位缺口更是巨大，就近养老或需排队十多年。显而易见，如果养老机构床位全部由政府提供，公共财政难以背负。国务院曾经出台《关于加快发展养老服务业的若干意见》，明确提出“充分发挥市场在资源配置中的基础性作用，逐步使社会力量成为发展养老服务业的主体”的政策精神。

由此看来，民办养老机构能有效弥补我国养老床位缺口、减轻政府养老服务投入的财政负担，产生了经济学上积极的“正外部性”影响，给社会带来福利。经济学告诉我们，正外部性使市场生产的数量小于社会合意的数量，而环境污染等负外部性使市场生产的数量大于社会合意的数量。解决这些问题的最有效办法就是，对正外部性物品提供补贴等激励、对负外部性的物品予以惩罚性征税，使得外部性内在化，从而使得市场均衡向社会最合适位置移动。

如何以市场手段，来激励民办养老院等这类公益品的正外部性，克服“市场失灵”对公益品的配置缺乏效率呢？

第一，以市场化思维，转变方式刺激社会化供应，履行养老服务的政府责任。政府承担着“养老最后一道防线”的责任，但并不意味着政府要全部包办包干，要从过去惯用的投资营运者身份中转变，转向养老服务供方和需方提供补贴。公办养老院仅承担救济城镇无生活来源、无劳动能力、无赡养人的“三无”老人和农村五保户的职责，其他养老服务全部以补贴、购买服务等方式激励民办养老院提供，让民营组织和社会资本在基本养老服务体系中发挥更大作用。

第二，简化程序，强化监督，着力解决民办养老院各项支持性政策落实的“最后一公里”现象。事实上，政府并非没有出台民办养老院的支持性政策，如一次性建设补贴、床位补贴、税收减免、水电优惠等，但事实上，政策出台到政策落实总是存在“最后一公里”现象，如政策与资金不匹配，审批程序复杂、申请标准不明确，等等。政府必须加强政策落地执行力，以问责等刚性执行将政策的善意和激励真正落实到民办养老院。

第三，以竞争方式，促进养老服务市场的提质增效。一是打破行业垄断，开放养老市场，鼓励兴办各类养老机构，如：给予民办非营利性养老院与公办养老院同等政策待遇（土地优惠等），创新机制以公建民营、民办公助等方式增加市场供给。二是公立养老机构退出市场领域，以免对民办养老院形成不公平竞争。三是采取“养老券”等方式直接对老年人分类（失能老人、半失能老人和低收入老人）提供补贴，由老年人按照养老机构的服务质量进行自由选择，从而促进民办养老院的竞争。四是建立民办养老机构质量考核体系，以服务质量的高低实施竞争性补贴，避免吃“大锅饭”。

第四，切实加强政府投入为核心的基本养老服务体系建设。目前虽然养老服务体系纳入政府责任，但更多的是原则性要求，有关部门应该尽快拿出科学的预算，只有真正落实到位的政府投入，才是落实民办养老院各项补贴等根本性保障。（本文发表于《经济日报》《甘肃日报》）

12. 政府要履行社保“最终付款人”责任

财政部部长楼继伟近日表示，不能把社保缺口完全留给公共财政，应划拨部分国有资产补充社会保险基金。此番楼继伟以国有资产划拨来开源的表态，似乎意味着共识的初步达成。（《21世纪经济报道》，2015年3月24日）

近来，社保缴费水平偏高及养老保险金缺口成为一个社会广泛关注的焦点话题。实际上，降社保缴费率、弥补养老保险金缺口都涉及财政增加负担，之所以难有实质性推进，就在于政府财政支持不足。笔者认为，我国财税制度已经从“供给财政”转向“公共财政”，社会保障有“社会稳定器”美誉，是最大的公共品之一，基于公共品理论，政府是社会保障的“最终付款人”，必须以“财政民生化增长”承担起相应的财政责任。

我国社保费率偏高应是一个不争的事实。我国基本养老、医疗、失业、工伤、生育五大险种的总费率已超过40%，有的地区甚至达到50%。国务院副总理马凯2014年年底表示，现在我国养老保险缴费水平确实偏高，企业觉得负担很重。人社部也公开承认确实偏高。当前，世界上173个国家的社会保险费率中，我国位居第13位。

我国社会保障支出占财政支出比重偏低。国际上通常采用“社会保障支出占财政支出的比重”来衡量各国政府的社会保障财政责任，发达国家在30%—50%之间，比如日本，一直是政府财政补贴支撑着公共养老金体系，2013年光是养老保障支出一项就占财政总支出16%。我国社保“十二五”规划也要求，各级财政将社保支出占财政支出的比重提高到25%左右。但有数据显示，目前整个社会保障（包括社会保险）支出仅占我国财政支出12%。

财政支出增长趋势理论认为，财政支出应呈现“公共支出民生化增长趋势”。在经济发展早期，政府投资占全社会投资比重比较大，政府需要为经济发展提供铁路、电力、港口等社会基础设施，因为这些设施是经济起飞的必备条件，但随着经济发展和民间经济的成熟，这些投资比例会逐渐下降，公共支出将从基础设施逐步转向社会保障等民生领域，这些民生方面的支出要显著快于其他支出的增长，甚至要高于GDP的增长速度。

我国社会已经从效率优先进入公平效率兼顾的时期。基于公平效率兼顾的视角，社会保障倒“U”形曲线理论认为，经济发展初期由于人均收入较低、社会保障能力有限，社会保障水平普遍偏低；随着经济发展，人均收入水平逐渐提高，政府的社会保障能力也在不断提高，财政支出中的社会保障支出比重应逐步提高；当中产阶级占社会绝大多数时，过度保障就没有必要了，这时社会保障支出到达顶峰甚至开始出现下降。这是政府必须遵循的基本规律，我国现在显然处于提高社会保障支出比重的阶段。

降低社保缴费率可以提高企业经济投资能力、生产力水平以及提高社会消费、促进就业等，已成为各国政府实施宏观调节的重要政策之一。当前，我国宏观经济增速放缓，很多中小企业生存压力较大，负担较重，政府应拿出“改革不过夜的精神”，将缺少明晰的“适时”变成具体而清晰的近期实施时间表，不仅是积极回应民意的举措，更是为企业和民众减负、化解当前经济下行压力、维持经济可持续发展的良方。以新加坡为例，20 世纪 80 年中期遇到了新中国成立以来最为严重的经济衰退，政府认为过高的公积金缴费率尤其是雇主缴费率过高削弱了出口产品竞争力，于是将公积金缴费率从 50% 下降到 35%，其中雇主从 25% 下降到 10%。此后随着经济的逐步稳定，公积金缴费率又逐步调高。目前基本上稳定在 40% 左右。也就是说，社保缴费率，是可以与宏观经济形势挂钩的。2015 年第一次国务院常务会议上，李克强总理宣布将失业保险费率由 3% 统一降至 2%，仅这一个百分点每年将减轻企业和员工负担 400 多亿元。

当然，国有资产划拨或国有资产经营收入增加社保预算，都是政府履行“最终付款人”角色的方式之一。但其经营或收入的不确定性，给社会保障资金增值增加了难度与不确定性，这是值得引起注意的。（本文发表于《甘肃日报》《中国商报》）

13. 养老金管理须完善投资策略

4月1日，李克强总理主持召开国务院常务会议，决定适当扩大全国社保基金投资范围。社保基金扩大投资范围或对养老金入市产生正面作用。据悉，目前总计达3.06万亿元养老保险基金结余只能购买国债、存银行。虽然这保障了基金资金安全，但并不利于保值增值。由于养老金投资运营方案迟迟未出台，导致在此前20年的时间里，养老金损失高达1.3万亿元。(《每日经济新闻》，2015年4月2日)

全国社保基金理事会最重要的一个使命，就是为养老金入市探路。此次国务院常务会议决定扩大全国社保基金投资范围，再次引发社会对养老金“入市”话题的高度关注。笔者认为，我国养老金管理亟须打破保守的投资策略，转向“效率监管”模式，在有效风险控制前提下，逐步进入资本市场以实现保值增值。

尽管存在诸多风险的警示，但通过股市谋求保值增值却是当前主流国家养老金的普遍做法。我国养老金“入市”更是有十分迫切的现实需要。第一，未来养老金缺口需要入市投资收益率来弥补。人民银行金融研究所徐昕最近表示，估计未来中国每年的养老金缺口约占当年GDP的2%—3%。如果这一缺口由财政负担的话，将可能极大地推升政府债务水平。在不增加投保人负担的情况下，首选的办法就是依靠养老金自身投资营运来实现保值增值。第二，越来越大的支付压力需要入市投资来化解。我国养老金支付压力极其沉重，据有关数据表明，仅过去10年间，全国基本养老保险财政补贴就已超过1万亿元，且随着老龄化加剧还会日趋严重。第三，由于只能存在银行或是购买国债，本来就入不敷出的巨额养老金收益跑不过CPI，只有百分之二点几，实际处于不断“缩水”中。有专家测算，过去20年全国养老金扣除通胀后贬值接近1000亿元。与之对应的是，允许市场化运营的全国社保基金，2000年成立至

2013年底，基金累计投资收益4187.38亿元，年均投资收益率8.13%，远超过同期2.46%的年均通货膨胀率。

全球养老基金投资监管模式主要有两种：谨慎人规则与严格数量限制，我国出于安全性考虑，执行了严格数量限制规则。其实，“谨慎人规则”体现了“效率监管”理念，在确保安全和收益最大化的目标前提下，允许投资管理主体在投资决策方面拥有较大的自主权，更有利于合理配置资产，实现风险-收益最优化。有研究表明，越来越多的发达国家和发展中国家正逐渐由适用严格数量限制规则转向适用谨慎人规则；采用谨慎人规则具有促进国际投资和提高投资回报率的作用。

虽然养老金入市确实面临诸多风险，且我国资本市场的风险管理与监管体系不尽完善，但我们只能是边实践边完善，而不是坐等完善而让巨额养老金躺在银行里睡觉、蒙受长期通胀的损失。

第一，坚持市场化的原则，坚持安全性为首要目标，建立一套高效的养老金入市的市场营运及风险监控体系，建立起养老金入市赖以生存的规制环境，如：法制环境、养老金治理结构、投资监管体系、监督报告、信息披露等。第二，完善我国的谨慎投资者规则，逐步放松“数量限制”，并向“谨慎人规则”转变。如制定目标标准、投资决策机制、投资项目的限制、投资成本的要求；结合我国实际情况修改完善“谨慎人规则”的法律法规，明确评价受托人遵守谨慎义务的标准等。第三，引入现代风险管理技术手段，加大内部风险控制，如信用风险、内部人控制风险、市场操作风险、人力素质水平风险等。尤其是养老金投资者管理水平直接决定了入市的安全性，可以面向全球、全国招募高水平从业人员。第四，养老金入市是一项复杂的系统工程，它对资本市场有很高的要求，监管部门要抓住养老金入市增加稳健性的契机，推进资本市场的改革，完善市场机制，整肃市场秩序，建立一个健康可持续发展的资本市场。第五，以现代投资组合理论，优化投资结构，以分散风险。除股市以外还可选择政府债券、企业债券、股权投资、实业投资等。第六，重视运用金融投资工具，增强养老金投资的风险规避能力。如智利的最低收益率担保。第七，丰富养老金入市投资渠道及产品，如允许择机向欧美等成熟的国际资本市场进行拓展，在国际资本市场我们可采取与发达国家养老金投资方向相似的跟随政策，并学习其先进投资及管理经验；研究建立养老金进入特殊垄断领域或特种债券，是保证利润防范风险的有效措施。（本文发表于《经济日报》）

14. 保障房“低收入者”不能被“人才”替代

深圳如何解决高房价带来的“人才隐患”？深圳市市长许勤给出答案：“十三五”期间，深圳计划筹集保障性住房40万套，供应35万套，其中面向人才群体供应不少于70%。“十三五”期末，住房保障覆盖常住人口比率确保达到20%，力争达到23%；力争全市保障性住房与商品住房套数的比率由31%提高至40%。2016年6月，深圳市委常委会审议并原则通过了《关于完善人才住房制度的若干措施》，旨在构建人才安居政策与基本住房保障政策双轨并行的公共住房政策体系。（2016年8月11日，《经济日报》）

近年以来，深圳房价居高不下，对人才吸引力造成较大影响，相关数据显示深圳引进人才的数量出现了下降趋势，尤其是硕士和博士占比下降得更多一些。深圳从保障房中剥离出28万套作为人才住房，通过住房保障来缓解高房价带给人才的挤出效应，用心良苦。但笔者认为，保障房的政策目标十分明确，就是“低收入者”，不能被“人才”代替，人才住房保障体系不能挤占保障房的指标数量。

忠实原则是公共政策有效执行的第一准则，执行机构不能随意解释或一知半解，更不能为了本地区、本部门的利益蓄意曲解政策的本意。

忠实原则尤其强调按照正常规定的特定对象和规定范围来执行，既不能自行其是，也不能各取所需。保障性住房有明确的政策对象，即低收入住房困难家庭。而深圳计划筹集保障性住房40万套，供应35万套，其中面向人才群体供应不少于70%，这意味着面向低收入者不到30%。显然是一种“为我所用”的做法。这与“开奔驰宝马”住保障房没有本质上的区别，都是对“低收入者”的挤占。

有人会说，“变通原则”同样是公共政策执行的原则之一，深圳的这一做法是不是符合“变通原则”？可以很肯定地回答，当然不是。任何一项公共政策出台，都是针对一定的社会问题而制定、执行的，住房保障这一公共政策就是专门针对低收入群体的住房困难而制定、实施的，其目标在于救济；而人才安居房建设，其目标属于激励，两者完全不同。公共政策执行的“变通原则”是要求在执行的原则性基础上，遵循政策精神要求，结合实际创造性贯彻落实，只能在手段上、策略上“灵活”，而政策精神、政策目标本身是绝不允许“灵活”的。深圳将保障住房的低收入政策目标“灵活”成人才，这是属于“替代性执行”，偏离了公共政策执行的应有轨道，侵犯了这个城市的低收入者住房保障福利，也违背政策的本意，有违公平。

“来了就是深圳人”这句遍布当地各个公共场所的广告语，曾经吸引了许许多多有学历、有才干的人才投奔深圳的怀抱，也成为深圳发展的不竭动力。但如今，深圳的高房价，让一些外来人才不得不到东莞和惠州买房，被戏谑为“来了就是东莞惠州人”，对人才的吸引力下降意味着对城市竞争力的削弱。除了下力气调控房价的同时，通过政府强制补贴和实物补贴的方式来解决这个问题，也是当务之急。但是，决不能挤占低收入者的福利，关爱低收入者不仅仅是政府的职责，更是一座城市的温暖。

毫无疑问，深圳市人才住房政策正确的做法只有两条：一是无论建设多少套人才住房，但深圳市政府承诺为低收入者建设并交付的35万保障房，一套都不能替代，更不能混为一谈。二是如果真要将“人才”纳入保障房体系，必须按照低收入者同样的标准进行，比如统一标准打分，不能因为人才身份加减分。（本文发表于《中国劳动保障报》《信息时报》）

15. 降低社保费率需精准实施

人社部副部长张义珍透露，2016年4月13日，国务院第129次常务会议研究通过了《关于阶段性降低社会保险费率的通知》，执行时间从2016年5月1日起，为期两年。张义珍表示，全国大多数省份符合降低企业养老保险费率条件。根据初步测算，符合条件的地区，如果降费政策全部落实到位，预计每年可降低企业成本386亿元。（中国新闻网，2016年4月16日）

张义珍表示，调低社保费率，职工社会保险待遇不受影响。在财政“兜底”社保费率的压力很大和不降低社保待遇的双重约束下，意味着社保费率实行普遍性下降的空间十分有限。社保费率究竟如何降才更精准发力呢？笔者认为，我国行业之间收入差异较大，且养老金存在较大缺口压力，阶段性降低社保费率应“因人而异”，对不同的行业、人群实行差异化降低，以提高部分行业的降费幅度，将政策的善意更好地惠及制造业、小微企业、低收入人群等最需要减负的市场主体上。

首先，我们应该看到，不同的行业所能承受社保费率的水平是完全不一样的。制造业、小微企业的盈利能力与金融业、房地产业，存在天壤之别的差异。笔者曾经到实体经济做过调研，较高的社保费率直接提高了制造业等劳动密集型企业的成本，该笔费用已经让不少劳动密集型企业难以生存了。这些企业用工量大，负担的社保费总额较高，小幅度降低社保费率并不足以使得它们“轻装上阵”。而银行、保险等金融企业、房地产企业，利润动辄以亿元为单位，社保费率占企业的成本几乎是“九牛一毛”。

同样的道理，不同行业的从业者，其社保费率承受能力也是完全不相同的。曾经有报道称，银行第一年入职的普通员工，年收入 10 万—20 多万元，远超过教授的收入，金融行业、房地产行业的中高层动辄数十万、上百万元年收入，对社保费率降低不敏感，是一个不争的事实。而劳动密集型企业、小微企业等盈利能力弱，职工工资水平低，近千元的社保缴费已经严重影响职工收入水平。显然，低收入人群更需要通过大幅度降低社保费率，以增加现金收入。

经济学主流观点认为，社保费率属于广义上的税负，差异化降低社保费率也是税负的“税收公平”和“支付能力原则”的要求。“结果公平”是“税收公平”的一个重要目标，贫困阶层少缴税，富裕阶层多缴税，是包括我国政府在内的国际社会普遍接受的征税价值。“支付能力原则”是指按照纳税人支付能力来确定纳税负担，纳税人支付能力依据其收入或财富来衡量。“支付能力原则”认为，一个穷人缴纳 1000 美元的税收，可能比一个富人缴纳 10000 美元的税收牺牲还大。

因而，“好钢用在刀刃上”，社保费率应实行差异化降低政策，资本密集、利润高的行业，少降或者不降，而把更大的降费空间留给更加需要的小微企业、制造业，这样才更能将政策的善意惠及普通群众。（本文发表于《甘肃日报》）

16. 高招扶贫政策需防“鸠占鹊巢”

2015 年，部属高校、地方“211 工程”高校将定向招收 5 万名农村贫困地区学生，在征集志愿不足计划人数时，可适当降分录取。实施区域为 832 个贫困县以及重点高校录取比例相对较低的河南、甘肃等 10 省

区。(《北京晨报》,2015 年 4 月 7 日)

读书改变命运，高等教育公平是社会广泛关注的话题之一。长期以来，我国教育资源城乡差异悬殊、阶层呈现日渐固化趋势，“高招扶贫”政策采取定向等方式专门对“寒门学子”进行倾斜，无疑是一项好的、纠偏性的公共政策举措之一。然而，“善政”还需“精准”实施，“高招扶贫”政策需防“鸠占鹊巢”，须制定精细化措施、清晰化受益目标群体等堵住漏洞，使政策红利真正落到“寒门学子”身上。

任何一项公共政策出台，都是针对一定的社会问题而制定、执行的，因而，清晰、明确的政策目标是公共政策决策时的第一要素，“高招扶贫”政策目标当然是“寒门学子”。然而，在教育部的通知中就存在政策目标不精准，其中“国家专项计划的考生”的报考要求是，“考生本人须具有实施区域当地连续3 年及以上户籍和当地高中连续3 年学籍并实际就读，父母或法定监护人具有当地户籍，有关省（区、市）可根据实际情况制定具体报考条件及实施办法。”

第一，贫困地区也有富人，也有官僚。这些“富二代”“官二代”显然不是高招扶贫政策需要纠偏的对象，如果政策上的漏洞致使“鸠占鹊巢”，不仅达不到改善教育公平的目的，反而会进一步加剧贫困地区的贫富差异，加剧贫困地区的阶层割裂。第二，毋庸讳言，户籍是可以人为更改的，有些权贵为了子女入学，把自己和子女的户籍迁移到贫困地区并不是什么难事。去年曾有媒体报道，一些贫困地区的高一学生入学时就会发现，新同学中有的甚至在省会城市上了幼儿园、小学、初中。由于这些同学的初中学业基础扎实，素质好，见识广，在参加重点高校面向贫困地区的招生专项计划考察时，占尽了优势，由此成功地挤占了真正贫困地区农村学生的“高招扶贫”名额。

公共政策设计须遵循“劣势者利益最大化原则”，即进行政策设计时，应考虑使社会上居于劣势的困难群体及个体，能够得到最大的照顾，享受最大的利益。暂且不说弄虚作假、鸠占鹊巢的权贵子弟，即使都是贫困地区农村子弟也存在较大的贫富差异，有的家庭可以达到富裕地区的水平，有的则是在贫困线以下的低保户。假设，同为贫困地区农村户籍的两个学生在争夺一个指标的时候，没有其他限制条件，怎么保证“劣势者利益最大化原则”执行？显而易见，在指标稀缺的情况下，简单用户籍这一个限制条件，恐怕也难以让政策公平公正地执行，有违政策制定的初衷。

“善政”还需“善施”。高招扶贫政策的“善施”重在“精准”，把制度的笼子扎得更紧。首先，要对高招扶贫的政策目标对象进行精准，必须是贫困地区农村户籍的子弟，而不是权贵的子弟。其次，设置多个限制条件，避免单一条件的局限性。比如划定贫困线——家庭人均年收入等，让政策的红利真正落到“寒门学子”身上。再次，获得高招扶贫资格的考生，要提前将父母的职业、收入等广泛向社会公示，接受群众监督。最后，建立终身追责制度，通过弄虚作假获得高招扶贫资格的学生一旦被发现并非农村贫困家庭者，核实后立即开除、注销学籍、撤销学历和学位等，并追究相关人员责任。（本文发表于《法制日报》《经济日报》）

17. 为大学生创业提供更好环境

为鼓励大学生创业，近年来，国家相关部门陆续出台了一系列扶持政策，越来越多的大学生加入自主创业的队伍。但有数据显示，我国高校毕业生创业率仍不足2%，在这其中成功率又不足10%，更有甚者，毕业即创业人群中六成以上3年后又“重回打工族”。（《中国劳动保障报》，2014年7月30日）

大学生创业，几乎已经成为毕业季的“周期性”话题。为何大学生创业率裹足不前呢？在笔者看来，大学生从小到大都没有接受过良好的创业教育和实践，加之没有与之相配套的创业政策环境，盲目鼓励大学生创业，可能适得其反，最终导致绝大多数没有掌握“游泳本领”的大学生在残酷的市场大海中溺水而亡。

大学生创业成功率有多高？目前社会上各种说法不一，最高的有10%，最低的更是达到了0.01%，比较客观的说法是，广东大学生创业成功率是1%，全国大学生创业率最高的地区是浙江也只有4%，而欧洲和美国的大学生创业成功率为20%。中国大学生创业为何远远低于欧美呢。一位广东省政协委员曾形象地将大学生比作“产品”，认为创业教育应该从幼儿园开始，并一直延续至大学。她认为，需要反省的不该只是最后的“产出地”，而是“产品”的整个“供应链”——幼教、普教……直至高教，“之前十多年的教育与就业、创业不搭界，毕业前突然把创业的理念灌输给他，可能性有多大？外界能给他多少理解？政策能提供多少帮助?”政协委员的呼声无疑值得深思。要想大学生创业，不能在最后环节才推一把，而是从整个社会环境，而是从小开始。这就好比，一个人从来没有见过河流、海水，从来没有下水学习过游泳，却一下子要推他下水，这样的结果只能是绝大多数人要“呛水”而亡的。有关部门规划，2014—2017年，我国将力争使80万高校毕业生实现创业，如果仅仅是在高校毕业生阶段来强推创业，恐怕结果不容乐观。

笔者接触过很多大学生，他们是极其缺乏创业经验的一个群体。不要说商业能力，就是一般的接人待物的能力都缺乏。他们创业有热情，没经验，对创业过于乐观，缺乏对坏的结果的承认能力。目前，大学生的创业项目处于极低水平，创业项目十分单一，缺乏竞争力。现在各行各业都是物质过剩，不是改革开放初期物质短缺，做什么都容易。其次，创业需要资本，以前创业几千元上万元就可以了，现在数万元甚至数十万、上百万，都不能做什么事情了，市场竞争远比打工残酷，向父母或者举债筹集几万元或几十万元不容易，但是亏损往往是一瞬间，那样就会是雪上加霜，会引发一系列更加严重的社会问题。

鼓励大学生创业，从长期来看，是我国解决大学生就业的一条必由之路，但我们先要教会大学生“游泳”的本领。首先，改革我们的教育体系，构建好创业教育和实践的完整“供应链”，决不能临到毕业，才鼓励创业，半路懵懂创业不失败才是一件怪事。其次，在大学阶段大力推进创业教育、技能教育，对于大学生不能仅仅教书本上的知识。应该说，我们的大学教育与社会实际需求是脱节的，应该鼓励更多的企业家进入高校，一对一地进行创业辅导等。再次，家长要重塑价值观，摒弃“万般皆下品，唯有读书高”的旧观点，并不是当公务员、当官才是光宗耀祖的事情，行行出状元，应该放手子女积极参与各种创业教育和实践。最后，社会要制定宽松的创业政策，提供创业警示、创业指南，等等。这样，我们的大学生创业者才能在残酷的“商海”中“畅游”。

有报道指出，从目前来看，政府和社会在提供创业信息和创业指导、整合社会资源为青年创业服务等方面做得的确不够细致，相应的服务机构也不够健全，完善创业环境远比盲目鼓励大学生创业要迫切得多，任重道远。（本文发表于《经济日报》）

18. 以“卡尔多改进”化解去产能失业

李克强总理说：“我们推进钢铁、煤炭等行业去产能，必须要做好职业培训、托底保障等工作。不能出现大规模失业潮，更不允许出现‘零就业家庭’！”（《每日经济新闻》，2016 年 5 月 9 日）

如何平衡去产能与稳就业之间的矛盾，不仅仅关乎上百万产能过剩行业职工及家庭的切身利益，更关乎经济发展与社会稳定的大局。李克强总理要求，去产能不能出现大规模失业潮，体现了民生政府的责任与担当。笔者认为，兜底基本保障之外，还需要建立双向激励性补偿机制，来充分调动就业者和雇佣企业的积极性，以化解去产能带来的失业。

宏观政策往往由微观层面的万千个体承接，去产能政策落到千万普通公众身上恐怕不仅仅是“光荣历史使命”，更有失去“养家糊口”工作的现实困窘。据人社部估算，仅仅煤炭、钢铁两个行业将涉及180万职工的分流安置，水泥、平板玻璃、电解铝等今年“去产能”重点行业的人数恐怕也不会少。据报道，武钢刘汉生的几个老同事分流后，每月拿着2000块钱，在家无所事事。他们不是不想找工作，而是实在找不到合适的工作。这些在国企待了一辈子的老职工，除了年龄这个硬伤，还缺乏工作技能，也无法适应外面激烈的市场竞争环境。

现代公共决策要求民生政府在制定政策的时候尊重个体权力，不能仅仅从政策制定者的角度出发，还要站在受政策调整个体的角度思考现实问题。简而言之就是要顾及被调整对象的利益。改革开放初期，可以通过“帕累托改进”来实现：一项政策能够至少有利于一些人，而不会对任何其他人造成损害，使改革能够比较顺利地推进。例如双轨制，不触动原来的计划经济，同时开辟一个自由市场，愿意的人可以在自由市场上交易。所有的人没有受损的，只有受益的。

然而，当下改革进入深水区，这样的改革机会已经很少了。当下改革都会涉及复杂的利益调整，难以做到人人受益、皆大欢喜。如果仍按照“帕累托改进”的改革思维，整个社会变革都无法进行。经济学家给出了新的改革思维——形成“卡尔多改进”，即可以用总的改革收益，补偿一部分可能在改革中受损的群体。如果一个人的境况由于变革而变好，因而他能够补偿另一个人的损失而且还有剩余，那么整体的效益就改进了，这也是为福利经济学的一个著名的准则。

去产能显然无法做到“帕累托改进”，一个竞争力不强的职工因此受到损失，而提升经济效率的改革利益大于局部损失。关键在于“卡尔多改进”，用改革的收益去补偿受损的局部群体。

怎样才能更好地用改革收益来补偿去产能职工失业问题呢？首先，用双向激励手段，引导产业过剩行业分流安置职工实现再就业。以武钢刘汉生的分流老同事为例，在家的每个月领2000元钱，也可以将这2000元补助给愿意雇佣、并提供3500元以上工资的公司。同时，在政府公共服务领域专门增设新岗位供其选择，大量劳动力赋闲在家，不利于生产率提升。其次，扶持自主创业，鼓励其中有能力的分流职工依靠自己创业实现就业。如：补贴银行利息、提供小金额担保、减轻税负等。再次，加强职业培训，提升劳动者素质。让他们掌握谋求新的职业方法和技巧，可以在更广的领域实现再就业。最后，针对找不到工作的失业职工，进行专门的就业心理咨询和提供就业信息，使他们恢复信心。同时，加强正确的就业观引导，受传统就业观念影响，许多劳动者对工作要求不切实际，国有企业下岗职工和高校毕业生尤为突出。例如，国有企业下岗员工通常首选国有企业，而不愿意去私营企业。（本文发表于《新京报》《广西日报》《深圳商报》）

PART 8

宏观大势——经济学的“经世”使命

经济学在中国被称之为“经世济民”之学，产生伊始就把民众富裕、国家富强作为自己的使命。

站在国家的角度来看，“供给侧改革”是当下经济学的“经世”使命。“供给侧改革”关键在于推进供给的结构性调整，即通过创新供给结构引导需求的结构调整与升级。习近平总书记在谈到中国经济新常态特点时特别强调中国经济面临三大结构调整，即经济结构、增长动力结构和增长方式结构的重大调整。这些无疑是经济分析的核心内容。

当然，宏观大势都是千万个个体承接，这也是经济学的“济世”使命。宏观大势涉及人们之间的利益关系调整，因而了解一些宏观大势运行规律并不是多余的。例如2016年7月金融数据出炉，房贷“高烧”背后隐藏着什么？这恐怕牵涉到不少普通百姓或企业切身利益。

1. 协同发展应建利益协调机制

清控科创某公司副总经理齐晓宏说的很形象，区域之间往往“你加一把锁，我勒一道绳”。河北工业大学京津冀发展中心副主任张贵分析此中原因：“体制机制束缚，地方保护严重；国有企业占比较大，非公经济发展不够活跃；特大企业较多，中小微企业活力不足；尚未建立统一的区域性市场规则。”天津东丽区华明工业园管委会主任郑立说：“这些壁垒，要靠三地行政力量，靠政策统一，靠体制机制创新把它‘推平’。”（《人民日报》，2014年8月13日）

说到底，城市群区域内局部利益具有一定的相对独立性，总体利益是各个局部利益的有机耦合而非简单累加。只有区域经济协调发展的利益协调机制建立起来了，才能有效解决地区间的利益冲突，使各地区能够实现相得益彰、共同发展。前不久有报道称，国务院成立京津冀协同发展的领导小组以及相应的办公室，并由副总理张高丽担任组长。京津冀区域协同发展涉及两个直辖市和一个省，加之一些央企等重要项目外迁还涉及中央部委及其下属的企事业单位。在这样一个主体多元、规格较高的背景下，由国务院成立一个强有力的跨区域协调机构，来通盘构建包括产业对接、交通基础设施、公共服务、生态环境等领域的协调平台，是非常必要的。

党的十八届三中全会指出：经济体制改革是全面深化改革的重点，核心问题是处理好政府和市场的关系。笔者认为，京津冀一体化、长江经济带等城市群发展都面临区域行政壁垒这一共性难题，要想化解各方的利益博弈，除了设置高规格的协调机构，更要发挥市场机制，释放市场机制在区域协同发展中的巨大动力。

建立京津冀协同发展协调机制要着重注意两方面：一是有必要积极培育、支持区域行业组织、民间组织等，以吸纳和发挥民间社会区域协调的智慧和力量，调动各方进行区域协调积极性。二是妥善处理好政府与市场在区域经济协调作用的关系。协调机构毕竟只是区域协调发展的主体组织者，真正具有动力功能意义的是市场机制。市场机制像一只“看不见的手”沿着比较利益规则引导资源要素的区域流动，通过资源互补、产品互补、产业互补链条，实现区域优势的共增与传递。因此，协调机构发挥作用必须建立在促进区域经济协调发展的市场机制基础上，其主要任务应是培育区域经济协调发展的市场机制和为市场机制发挥作用创造良好的环境，并在市场机制发生失效或出现缺陷时，弥补市场机制的不足，而非大包大揽，统管一切。例如在产业的发展和布局过程中，不要片面按行政区划可以把某些项目放到某地，而是要按市场规律来办理，该放在哪里就放在哪里，全面发挥出市场在资源配置中的决定性作用。

总之，建立和完善跨区域城市发展协调机制，实现大中小城市和小城镇合理分工、功能互补、协同发展，既是促进我国城市科学发展的内在要求，也是实现新型城镇化健康发展的必然选择。（本文发表于《经济日报》）

2. 让开发区成为转型升级的“探路者”

改革开放之初，为发挥东部地区对外开放的区位优势、吸引国外产业转移和资本流入，国务院在 14 个沿海开放城市设立了第一批国家级经济技术开发区。自此之后，各种不同类别和层次的开发区如雨后春笋般涌现，形成了持续 30 年的“开发区经济”热潮，也带动了对土地、技术等生产要素规模空前的大开发。数量众多的开发区不仅构成了我国全面对外开放格局的重要空间节点，也为其他地区的改革发展提供了宝贵的经验借鉴。

在我国开发区兴办 30 周年的历史时刻，面对我国经济面临转型升级的机遇和挑战，我们不禁要问一句：今后的开发区应该开发什么？是更大面积的土地资源、更多数量的人力资源，还是更高端的技术设备？国务院办公厅 2014 年 11 月 21 日发布的《关于促进国家级经济技术开发区转型升级创新发展的若干意见》提出，要进一步发挥国家级经济技术开发区作为改革试验田和开放排头兵的作用，促进国家级经开区转型升级、创新发展。这意味着，开发区今后的“开发”已经不能够局限于对经济资源和技术产品的开发，而是要比以往更加重视对发展模式的“开发”。开发区应该被赋予转型升级探路者的新角色，率先探索更多以发展模式创新驱动经济转型升级的新路径。具体来说，至少有以下几个值得关注的方面：

一是向集约型发展模式转型的探索。在全国数量众多的各级开发区中，由于区位特征、资源禀赋、开发时间等原因，发展水平参差不齐、粗放开发和无序开发的问题仍然不在少数。而在土地和资本等要素日益昂贵的今天，建立在大面积廉价土地之上、依靠低水平建设项目提升投资总额的开发区就面临着竞争力下降的风险。此类开发区要获得持久的竞争力就必须着眼于通过优化投资结构和布局，提高单位要素的投资回报率，逐步实现由粗放型开发向集约型开发的转变。

二是向生态化发展模式转型的探索。尽管我国多年来一直倡导发展循环经济、打造绿色 GDP 等生态经济理念，但在一些开发区的发展过程中，为了完成投资任务和 GDP 考核指标，往往放任甚至主动招揽“三高”项目入驻。当地政府对由此造成的环境污染和生态破坏熟视无睹，对由此引起的群众意见置若罔闻，成为导致当地人与自然之间、居民与企业之间矛盾滋生甚至加剧的重要原因。在十八大报告中将生态文明列入中国特色社会主义“五位一体”的总布局，推动绿色低碳循环发展的紧迫性前所未有的今天，此类开发区要实现可持续发展就必须大力探索打破“边开发边污染”魔咒的生态化发展路径，逐步实现从生态破坏型开发向生态友好型发展模式的转变。

三是向互动型开发模式转变的探索。由于行政归属权限和管理体制等原因，一些开发区与周边区域的协同程度不高，对周边区域经济社会发展的带动和支持作用不强，或是表现出“极化效应”较强而“扩散效应”较弱的单向区域经济合作特征。这不仅制约了开发区自身的发展，而且弱化了开发区带动周边区域协同发展的功能定位。要使开发区真正从所在地区经济的“先行区”“示范区”升级为“引领区”和“辐射区”，从单向开发模式向互动开发模式的转变就势在必行。

四是向市场化发展模式转变的探索。在我国市场经济刚刚起步、对外开放程度不高的时期，我国绝大多数开发区都是在各级政府的规划和扶持下建立和发展起来的，其中许多政策性的支持是不可或缺的。但一些开发区却由此患上了“政策依赖症”，认为政策支持具有“不可替代性”，这一观念在政府越来越多简政放权的新形势下将会越来越不合时宜。推动更多开发区由政府主导发展模式向市场主导的发展模式转变，在市场经济的竞争中实现优胜劣汰已是大势所趋。（本文发表于《经济日报》《法制日报》）

3. 产业转移，关键在“升级”

在习近平总书记提出对京津冀协同发展的认识“要上升到国家战略层面”后，“产业转移”作为战略实施的关键环节，受到社会各界高度关注。

2014年5月，北京宣布，300家原定于当年年底退出的污染企业，将提前到10月底告别北京。赞赏北京的迅速行动之时，不少人也担心，这些高投入、高能耗、高污染、低效益的“三高一低”企业如果转移到河北等地，会让当地本已脆弱的生态环境雪上加霜。“北京不要的低端污染产业，我们也不能要”，类似呼声不绝于耳。

想当初，很多二、三线城市“捡到篮里都是菜”，只要能带来产值的项目，几乎是来者不拒。如今，环渤海城市却开始在争夺首都产业转移项目过程中“挑肥拣瘦”，这既是迫于当地环境形势的客观压力，更反映出对“发展质量”的认识，应该说是可喜的变化。不过，这样的声音，却也反映出承接产业转移过程中，中西部地区，二、三线城市的普遍纠结：一方面需要通过承接搬迁企业刺激当地经济腾飞；另一方面又必须着眼长远，在环保上更为审慎。

这样的纠结，该怎样纾解？答案无他，只能是在产业承接的过程中努力实现产业升级。

仍以京津冀产业转移为例，正是看到了产业迁入地对搬迁企业的顾虑，北京对产业转移的态度十分明确。北京市有关领导表示，“所有北京市调整退出的污染企业，绝不能带着污染迁到外地”，涉及搬迁的企业将在产业升级、产品结构调整的基础上与周边城市进行合作和对接。

“产业升级”，说起来容易，做起来却不可能一蹴而就。发达国家也好，发达地区也罢，产业演变都经历了数十年甚至上百年时间。如果发个指令就可以完成，很多企业也就用不着转移了。“在产业承接的过程中实现产业升级”，一个重要的方面，是指中西部，二、三线城市结合本地资源禀赋特点，选择适合自己的产业承接模式。

不久前，河北邯郸承接的北京首家外迁的央企子公司——北京凌云建材化工有限公司，就是这方面较为成功的样本。邯郸是钢铁冶金行业聚集地，也是二氧化碳排放集中区域。凌云公司则以二氧化碳作为原料，可以大量利用冶金企业生产中的废气和余热。承接这样的企业，可以助力当地在产业转型升级的同时打造循环经济，无论于环境保护还是经济发展，都是利好因素。

同时还要看到，并非所有的产业转移都是“淘汰落后产能”。如今北京等一线城市，写字楼租金高企，生活成本居高不下，一些创业型公司面临较重的生存压力，有向周边城市转移的意愿。另一方面，一些科研机构需要寻找科技成果孵化和产业基地，也为周边地区提供了产业升级的契机。去年以来，北京中关村分别向曹妃甸和秦皇岛转移了若干家高新技术企业，正是这方面的典型案例。如果当地充分发挥后发优势，完全可以大大缩短产业自然演变过程，加速本地新型工业化推进。

值得注意的是，没有一支可观的创新型人才队伍作支撑，要实现产业吐故纳新、更新换代甚至独领风骚，那是不可能的。承接产业转移时，一定要千方百计以各种优惠政策吸纳高层次人才和创新创业团队落户。在某种程度上讲，这是比项目和产业更为宝贵的财富。

总之，产业转移不是厂房、生产线简单的“空间转移”，在这一过程中增强自觉性、主动性、创造性，才能让转移成为调整结构、转型升级的契机，实现转入地与转出地、经济发展与环境保护两个“双赢”。（本文发表于《人民日报》）

4. 扩容助推自贸区成“多功能区”

2014 年 12 月 12 日，在国务院总理李克强主持召开的国务院常务会议上，新一轮自由贸易区所在区域浮出水面，会议表示依托现有新区、园区，在广东、天津、福建特定区域再设三个自由贸易（园）区，并结合地方特点充实新的试点内容。此次会议指出，中国（上海）自由贸易试验区设立一年多来，围绕外商投资负面清单管理、贸易便利化、金融服务业开放、完善政府监管制度等，在体制机制上进行了积极探索和创新，形成了一批可复制、可推广的经验做法。党中央、国务院已决定在更大范围推开，推动实施新一轮高水平对外开放。

在过去一年多的时间里，“自贸区”这一最为吸引眼球的区域经济概念，成为了许多地方和行业争相追捧热点，也成为“财富机遇”的代名词。但如果把自贸区放在中国经济“新常态”下的宏观格局中观察，就不能将其顾名思义地理解为一般性“自由贸易园区”。我们必须深刻地认识到：作为我国新一轮改革开放总体布局中的重要节点，自贸区应该是肩负着全面深化改革和进一步扩大开放历史使命的战略性“多功能区”。

自贸区是制度创新的试验区。从行政体制改革的创新，到财税体制改革的创新，再到金融体制改革的创新，自贸区每一方面的制度创新都表现出“敢为天下先”的改革魄力。更可贵的是，随着自贸区从上海到天津、广东、福建以及今后更大范围的扩容，自贸区带来的不仅是制度创新的果实，还有制度创新的种子。从这个意义上说，自贸区必将成为我国全面深化改革的当仁不让的制度创新试验区，自贸区的制度创新火种也必将成为足以燎原的星星之火。

自贸区是资源配置的示范区。从法无禁止皆可为的“负面清单”、到法无授权不可为的“权力清单”、再到法有规定必须为的“责任清单”，每张清单都展示出政府“自我革命”的改革勇气，却并不意味着自贸区是政府撒手不管的“自由区”或政策洼地。其目的在于开拓一个能让市场作用的“无形之手”和政府调控的“有形之手”更为相得益彰的中国特色社会主义市场经济示范区，从而在自贸区及更大范围内实现对各类资源的优化配置和充分利用，让市场经济的活力充分迸发，让财富创造的源泉充分涌流。

自贸区是扩大开放的枢纽区。已经设立的自贸区均位于交通便利的沿海地区，这使自贸区拥有连通国内外两个市场的天然经济地理优势。无论是把天津自贸区作为“丝绸之路经济带”的出海口，还是把上海、福建、广东等地自贸区作为“21 世纪海上丝绸之路”的中转站，自贸区都是我国通过实施两个“丝绸之路”战略进一步扩大对外开放和增强全球经济影响力的重要枢纽。从这个意义上说，自贸区必须能够承担衔接对外开放和对内开放的枢纽性使命，即一方面要成为所在省市扩大对外开放的强劲引擎；另一方面也要形成对沿海乃至中西部地区经济加速开放的有力带动，从而带动中国经济全局性的开放和升级。

自贸区是区际协同的引领区。改革开放以来，我国曾以新区、开发区、试验区等形式设立了大量具有独特功能定位的区域经济“特区”。经过长期的发展，这些“特区”在发展水平、竞争优势等方面逐渐呈现出参差不齐的显著特征，许多地方甚至出现了叠床架屋式的区划重合与区际协同性不足的双重困境。面临这样的区域经济发展状态，以自贸区为引领区，带动所在区域经济腹地内部经济关系整合升级将成为解决上述困境的战略性选择。因此，相关区域需要通过与自贸区进行产业需求等方面的对接，推动区域内部经济关系重构，优化区域内部产业分工格局，降低区域内部交易成本，从而提高更大范围区域整体的发展活力和竞争力。（本文发表于《经济日报》）

5. 激活民间投资需重建市场秩序

国务院总理李克强2016年6月22日主持召开国务院常务会议，听取民间投资政策落实专项督察工作汇报，要求以不断深化改革调动民间投资积极性。（《经济参考报》，2016年6月23日）

冰冻三尺非一日之寒，民间投资断崖式下滑只是在“三期叠加”经济新常态下的一次“急性发作”而已，国务院常务会对症下药提出五大举措，是非常及时、必要的，对调动民间投资的积极性、促进经济发展意义重大。

笔者认为，正如国务院督察结果所显示的，民间投资断崖式下滑的真正“病因”是市场失序，如：各经济主体的不公平待遇、政府“闲不住的手”扭曲市场资源配置、金融及房地产等行业资源价格扭曲挤占盈利空间、权力导致企业家“寻租”盛行而不去经营企业正当“寻利”，这些“沉疴”由来已久，当下已是避无可避，只有按照李克强总理要求的，痛下决心深化改革，真正重建市场秩序，才能真正使得民间投资健康发展。

激活民间投资要公平对待各种形式的经济主体，防止国企对民间投资的“挤出效应”。5月份国企在固定资产投资总额中的占比达到35.4%，这是自2011年以来的最高位。应该说，国企投资逆势增长，对避免经济过快下滑起到了“挑大梁”的作用。但不容忽视的是，国企一方面能够从银行获取大量廉价信贷资源；另一方面“乘人之危”对民营企业兼并重组，一定程度上出现了“国进民退”的现象，对民间投资产生了巨大的“挤出效应”。国企低效率等弊病暂且不表，可以肯定地说，国企一枝独秀不是春，没有活跃的民间投资，就不会有我国经济的“满园春色”。近期，央企凭借巨大的资本优势频频成为“地王”，不计成本，严重扰乱了房地产市场，万科引入深圳地铁，而不是民营企业，就是一个实证。因此，国企应在国家战略性领域做大做强，尽可能不要去挤占民营企业的生存空间，除少数领域，政府应当对所有经济主体一视同仁，提供市场准入等同等待遇，这是调动民间投资积极性的根本。

激活民间投资要管住政府“闲不住的手”，防止政府直接深度参与经济微观运行，导致“失信”等扰乱市场秩序。地方政府出于多种考量，常常直接深度参与到微观经济运行之中。政府干预经济的出发点虽好，但很多时候并不是基于效率而是政绩等非经济目的。地方政府过度参与微观经济活动危害有三：一是过度承诺，不仅对其他企业造成不公平，还容易导致“失信”等行为，打乱民间投资的理性预期。二是滥用“补贴”等手段，导致资源错配、市场失序，“僵尸企业”产生并持续一个重要原因就是政府源源不断供其“吸血”。三是导致公共服务不均等供给或供给缺失。政府本职应是提供市场公平等市场秩序“守夜人”角色，同时政府的精力和资源都是有限的，过度投身微观经济运行，难免顾此失彼。因此，加大供给侧改革深化简政放权，回归政府的本职，为民间投资提供良好的公共服务，这是调动民间投资的前提。

激活民间投资要纠正金融、房地产等行业利润、价格扭曲，优化民间投资的“获利空间”。一个工商银行的利润，几乎是中国民营500强企业的总和。此次国务院督察组指出“融资难、融资贵”。李克强总理近日也要求金融体系深化改革。金融机构不能凭借垄断地位，“嗜血”实体经济，导致企业沦为银行“打工仔”。一家上市公司的利润买不到两套房子，与此同时基于信息不对称，上市公司的股东、高管靠非法或投机获取巨额利润，谁还醉心经营企业？房地产的畸形发展不仅仅提高了企业生存成本，还会严重误导企业行为，试想辛辛苦苦经营企业还不如炒房，那么谁还去踏踏实实经营、投资企业？电价、油价等垄断资源价格畸形，削弱了我国企业的竞争优势，我国工业电价竟然比美国、韩国等发达国家还要高。因此，只有不断优化民间游资的“获利空间”，才能真正激发民间资本的内在动力。

激活民间投资要以法治、反腐重构社会秩序和经济秩序，引导民间资本从“寻租”转到“寻利”的正常轨道。有一种错误的观点认为“民间投资下滑与反腐有关”，但十八大以来一些落马的“大老虎”政商勾结，所披露的疯狂“寻租”令人触目惊心。“寻租”经济、权贵经济是一个毒瘤，严重破坏社会和经济秩序，是不可能持续下去的，再痛也要割。企业家是民间投资的重要主导力量，之前他们将主要精力投入到破坏性 的“寻租”上，而不是生产性的“寻利”上，主要是不良的社会导向，企业家往往基于“边际收益”来决定自己的行为方式。必须以法治化来规范市场，让企业家宝贵资源真正用在投资、经营企业等生产性“寻利”上，这才能保持民间投资健康发展。（本文发表于《新京报》《广西日报》《上海金融报》）

6. 国有资本经营应实现“社会分红”

财政部近日发布的2014年中央国有资本经营预算收支情况显示，2014年中央国有资本经营预算收入1410.91亿元，完成预算的98.9%，增长33.3%，其中调入公共财政预算用于社保等民生支出184亿元。(《经济日报》，2015年2月6日)

虽然从数据看收入以及民生支出都有较大幅度提高，但稍加思量，却无多少亮色。1410.91亿元这个数据，对庞大的国有资本总量及利润总额来说实在是微不足道的，仅仅三次成品油消费税上调每年就能增加2000亿财政收入；而这点可怜巴巴的收益也只有184亿元用于民生支出，绝大部分又以各种名义用于“国企内再循环”。笔者认为，经济“新常态”下，我国财政收入下行压力大，财政收入不能光靠增加税收“竭泽而渔”，更要加大国有资本经营“社会分红”，如扩宽企业范围、提高上缴比例、增加民生支出等，真正体现国有资本收益“取之于民、用之于民”的本质。同时，也为一般性公共财政开源减压。

社会分红理论认为，国家将从投入社会化企业的资本和土地获得的利润，一部分作为社会分红分给公众，另一部分用于再投资。虽然我国将国有资本收益直接分红条件尚不成熟，但可通过政府将国资经营收益用于民生方面的支出，以增加社会保障、教育、医疗卫生等公共产品的供给，通过加强民生财政的支持力度、改善民生等方式，让全民享有国资收益所带来的福利，让普通公众享受实实在在的实惠。

目前，我国现行的国有资本经营预算制度虽然初步实现了出资收益权，但仍然有三大亟须改革的问题。

一是支出方向不合理，呈现出非民生倾向。以2014年1419.12亿元国有资本经营预算支出为例，调入公共财政预算用于社保等民生支出为

184 亿元，其余 1200 多亿元仍然回流到国企当中。在实际执行中还存在部分项目的选择和调整随意性较大，甚至部分预算资金投向房地产等国家鼓励国有资本退出的一般竞争性领域，支出项目绩效评价工作还未正式实施等问题。

二是上缴比例偏低。目前我国央企上缴比例最高的资源性行业及垄断性行业的税后利润上缴比例仅为 15%—25%，绝大部分央企上缴比例为 5%—10%。根据目前国际通行惯例，上市公司股东分红的比例为税后可分配利润 30%—40% 之间。大多数国家国有企业的分红占净利润的比例平均在 30%—50% 之间，有些特殊情况下甚至高达 70%，相比而言，我国国有资本收益上缴比例偏低，上缴利润后仍然留有可观的利润，这将有可能导致企业负责人的寻租行为。如利用手中的权力为自身谋福利或者利用企业剩余利润进行过度投资甚至是不合理投资，导致投资效率降低，资金的总体利润率下降。

三是涉及的企业范围还比较窄。2014 年 799 户企业纳入预算范围，相对于 5000 家左右的中央国有企业，范围还比较窄，特别是利润状况良好的金融类国有企业仍未纳入收益上缴的范围。仅我国中农工建四大银行 2014 年前三季度利润近 7000 亿元。

国有资本经营预算实现“社会分红”，应从以下几个方面入手：第一，基于民生财政视角，大力推进法制化、制度化建设。目前，规范我国国有资本经营预算的制度和法律基础，已不能满足国有资本经营预算的发展变化。第二，完善国有资本经营预算管理体系。当前，我国虽初步建立了国有资本经营预算制度，但还没有构建出完善的国有资本经营预算管理制度和流程体系。第三，进一步扩宽国有资本经营预算收入。只有在增加收入的前提下，政府才有更多的支出用于民生。除了提高收益上缴比例、拓展范围之外，我们还要进一步深化国企改革，搞活国有资本，才能持续增加经营预算收入。第四，增加民生方面的国有资本经营预算支出。逐步提升民生支出比例，细化民生支出项目，将预算细化到医疗卫生、环保、社会保障、教育等支出科目之中，做到专款专用，避免被挪用等情况发生。第五，加强预算的执行和监管。人大应尽快出台相关法律，明确财政部和国资委等部门的权责，形成全国人大监督、财政部主管、国资委（或国企产权所属）部委执行的制度机制。（本文发表于《经济日报》）

7. 房贷“高烧”折射产业资本“离制造化”

央行公布的2016年7月金融数据引发强烈关注。一方面，M1（狭义货币）与M2（广义货币）的增长“剪刀差”已扩至15.2%，创历史新高，加上企业贷款表现不佳，显示企业投资意愿下滑，资金“脱实向虚”依旧严重；另一方面，整个7月人民币贷款只增加了4636亿元，同比少增1.01万亿元，而住户贷款就增加4575亿元，住房按揭贷款成了7月新增贷款的“中流砥柱”。（《第一财经日报》，2016年8月15日）

房地产“一枝独秀”到了让人震惊的地步，但房地产独木难支中国经济大厦。社会的矛盾焦点对准了房地产，并呼吁遏制房地产。但笔者认为，房贷“高烧”只是一个症状而已，真正的病因是实体经济“虚化”导致产业资本“离制造化”，光是给房地产“退烧”，可能进一步导致“病情恶化”。

究竟是高房价吸引了制造业等实体经济的“见异思迁”，还是制造业因为利润“移情别恋”进而推高房价？这恐怕是一个互为因果的关系。但实践证明，简单的遏制房价，从政策层面来说已显“黔驴技穷”，从信贷政策、土地供给、限购等手段不一而足，不可谓不严厉，房价却越打越高。纵然把房价打压下去，也会“按下葫芦浮起瓢”，“姜你军”“蒜你狠”等领域的投机行为层出不穷，资金就是不进制造业等实体经济。与此同时，货币政策也进入“两难”境地，央行降息降准，低成本的资金“洪流”就会汹涌到股市、房市，实体经济反而因此被“抽血”；一旦收紧货币，“融资难融资贵”，受害最深的还是实体经济。

资本的逐利特性，决定其必然流向利润高的领域。不管是怎样严厉的监管措施，都难以改变资本的逐利性。透过诡异的信贷数据看本质，房贷“高烧”、企业投资意愿下降折射的是产业资本“离制造化”与企业行为的“空心化”。当然，产业资本“离制造化”具有必然性。首先，后工业化阶段的经济服务化和产业结构“软化”是一个必然趋势，我国沿海发达地区制造业就因此遭遇了不少发展困难，产业资本逃离制造业和实体经济的现象比较普遍，并以此蔓延至我国一些刚刚或尚未完成工业化进程的地区。其次，我国产业环境的约束力不断增强，如高税率（征收手段日趋完善导致实质性增税）、劳动力成本及资源要素价格上升、贸易摩擦等，导致“空心化”成为企业的集体行为，如向东南亚劳动力成本低的地区转移；业务结构转型，前不久钢企的“金融化”转型。

跳出“只缘身在此山中”的思维盲点，我们或许能看得更加清楚。20世纪80年代，美国实体经济投资回报率明显低于互联网、房地产、金融投资等领域，产业资本大量涌入“互联网”等“新经济”领域，互联网泡沫破裂后，在美联储连续降息的低利率刺激下，产业资本并未回到制造业等实体经济领域，而是大量涌入了房地产和金融衍生品市场，最终导致次贷危机。美国政府才真正认识到制造业和实体经济的作用，并倾力实施“再工业化”革命。当时美国一些数据与我们何其相似。2008年金融危机前，美国国民经济中金融保险业和房地产业比重超过20%，特别是金融业公司利润占全部公司的利润的40%。

因此，我们要跳出货币政策的思维模式，从产业资本、产业结构的视角来寻求解决问题的方法。一是确立实体经济为主的产业政策，着力改善产业环境，以宏观政策积极引导企业的发展战略，防止产业资本“离制造化”。二是强化现代制造企业在经济中的主体地位，通过合理的产业扶持引导产业资本回流，如向国内企业尤其是中小企业提供补贴、融资等支持。三是切实激励实体经济企业创新行为，提升实体经济的利润率。四是拓宽民间资本在实体经济领域的投资渠道，目前民间资本的准入门槛还不少。五是挤压企业投机行为的获利空间。发烧虽然只是一个症状，但是高烧也是会“烧死”人的，给房地产打退烧针也是当务之急。(本文发表于《新京报》)

8. 旅游业既要有“大手笔”更要重“小细节”

李克强总理2016年3月22日在三亚市民游客中心考察时说，海南不仅要完善旅游设施“硬件”，同时要全面提升服务“软件”。现代旅游业不仅是服务业，它还涵盖第一、二、三产业。作为国际旅游岛，海南要把现代旅游业做优做强，以此带动第一、二、三产业全面升级。(中国政府网，2016年3月26日)

旅游业被誉为“朝阳产业”“幸福产业”，地方政府纷纷把旅游产业作为重要战略性产业来发展。然而，一些地方政府在发展旅游产业时，往往重视旅游设施“硬件”，谋求大项目，而忽视服务“软件”。笔者认为，总理一语中的地指出了发展旅游业的关键点，发展旅游业既要重视旅游设施“大手笔”投入，还要注重服务“小细节”。

旅游设施“硬件”无疑是旅游业发展的基本前提，其重要性在此无须赘言。不过，“千里之堤，溃于蚁穴”。无数实践证明，在旅游等服务行业，很多时候客户的良好体验并不是来源惊喜，而是没有负面感受。即使拥有非常强大的“硬件”：高等级旅游资源、完善的旅游设施等，但忽视不良商家、黑心导游、贪心司机等旅游环境中的“蚁穴”，就有可能导致辛辛苦苦、花巨额资金建设起来的旅游“大堤”出现“一夜溃堤”。近年来，青岛大虾、哈尔滨天价鱼事件，使得我国著名旅游城市青岛市、哈尔滨市在旅客心目中顿时黯然失色，这些都是活生生的惨痛教训。

旅游体验理论告诉我们：人们到餐馆吃饭，一次满意的就餐绝不仅仅是一两道可口的佳肴，就餐环境、服务、饮食文化的内涵等共同构建了每次就餐体验。旅游体验理论认为游客需要的是一次完整而满意的体验。所以，一些地区看似旅游资源丰富，却得不到游客的认同，而一些地方却总能凭借细微之处取胜。因此，地方政府发展旅游产业，要注重优化旅游服务的“细节”，从而提升旅游的综合体验价值。

首先，全面提升服务“软件”就要强化“依法治旅”。“依法治旅”主要涉及三个主体：旅游资源的健康可持续发展；旅客的合法权益；旅游投资者和旅游重要人员的合法权益。旅游产业作为综合性产业，涉及面广、活动复杂，在旅游者、旅游规划和促进、旅游经营、旅游服务合同、旅游安全、旅游监督管理、旅游纠纷处理、法律责任等方面均需要相关法律的保障。

其次，优化旅游业的“硬件”“软件”协同配置、协调发展，提升游客综合体验价值。旅游资源要素尤其强调在标准化、细微化服务的基础上提供个性化服务，注重住宿、餐饮、娱乐、购物等旅游活动的支撑要素的整体服务水平，提升游客的愉悦体验。建立旅游服务质量督察制度，将社会力量、新闻媒体的监督作用与强化旅游主管部门的行业管理结合起来，发现问题及时解决。避免青岛“天价虾”、哈尔滨“天价鱼”类似事件。

再次，抓好停车场、厕所、高峰期服务质量等“魔鬼细节”建设。“魔鬼细节”说的是，不论你做什么，都要小心考虑到所有的细节，否则就很有可能出麻烦。供游客休息的桌椅数量和位置、景区停车场、旅游厕所、高峰期服务质量等“魔鬼细节”就是影响旅游者价值体验的关键点。地方政府旅游部门、行业协会不仅仅要抓旅游产业的“大项目”“大工程”，更要着力抓好“厕所革命”、服务人员的微笑等细微“小事”。

最后，加强旅游产业的“软实力”建设。一是加快文化创意产业与旅游产业的融合。研究发现，旅游者并不完全根据旅游资源与旅游环境等情况来选择旅游目的地，而是对某一特定的旅游地具有更大的心理偏好，地方文化特色是偏好产生的根本原因。二是注重旅游产业发展的智力投入。比如旅游管理人员的培训提升、建立旅游智库、旅游市场研究能力的建设，等等。（本文发表于《陕西日报》《甘肃日报》）

PART 9

创新驱动——赢得持续竞争优势

创新是一个国家、一个地区的竞争力核心，更是一家企业生存与发展的不竭源泉和动力。大道理无须赘言，几乎“地球人都知道”。

2016年5月份，华为公司创始人任正非在全国科技创新大会坦言“华为迷航”，引发全国广泛共鸣，更是道出了我国创新能力薄弱的尴尬现状，一个不争的事实就是，我国产业发展依赖于发达国家，多数行业的核心技术和装备基本掌握在发达国家的手中。有数据显示，我国对外技术依存度高达50%，而美国和日本依存度为5%左右。实际上，技术依赖远比资金依赖、市场依赖更可怕，几乎完全受制于人。一台庞大的机器往往被一片小小的芯片锁住“咽喉”。

如何提升自主创新能力？这恐怕非短短的导语能够承接，而且本章节中多篇文章已有较为详细的阐述。在此，笔者只想强调一点，“创新驱动”需要“市场化驱动”、需要企业来“验收”。即便具有公共品属性的“基础性研究”，亦可通过市场机制来激活。

“重要的话要重复说三遍”，笔者最后还想不吝赘言的是刘易斯·芒福德（美国社会哲学家）对技术和工业革命的一个最应该铭记的评论：“时钟，而非蒸汽机，是现代工业的关键机器”。他借此表达的是，最重要的创新来自社会方面，而非技术层面。

1. 拿什么替“迷航”的华为们“导航”?

上周，华为公司创始人任正非在全国科技创新大会上发言，称“华为正在本行业逐步攻入无人区，处在无人领航、无既定规则、无人跟随的困境”，坦陈“华为已感到前途茫茫，找不到方向，华为已前进在迷航中”。(《经济观察报》, 2016 年 6 月 5 日)

华为“迷航”从上周至今持久刷爆朋友圈,“任正非之忧”之所以引发全社会的广泛共鸣，是因为他道出了中国企业尤其是创新驱动型企业遭遇的普遍困境：中国关键领域核心技术缺乏、科技基础薄弱、创新人才等创新能力与发达国家存在巨大差距。

那么，拿什么替“迷航”的华为们“导航”?笔者认为，创新不仅仅是企业一方的事情，在强化企业创新的主体地位释放市场创新活力的同时，还要切实履行政府创新责任，深化科技体制改革，营造有利于科技创新和人才成长的政策环境，夯实基础研究，攻克具有“洞察和远见”的引领性创新、原始性创新，为“迷航”的华为们“导航”。

履行政府创新职责，须用好社会控制手段。最重要的创新来自社会方面，而非技术层面。传统观念往往把技术看成“生产技术”或一台机器，其实现代科技技术更多地受社会文化影响。社会文化分为三个层次：最外层是物质文化，包括人创造的各种物质、精神产品；中间层是制度文化，包括社会制度、人际关系等，最内层是观念文化，是价值观引导下的人们行为规范。有学者研究认为，日本人的国民性对战后日本的技术发展起到巨大作用。这是单靠华为们的企业创新无法企及的，政府关注如何激活技术创新时，不能“头痛医头”，还要关注技术创新背后的东西：价值观念的构建。社会控制手段促进技术创新的举措有：严格完善的法律、政策制度（如日本)，使得道德伦理观点与技术进步相协调（如科技人员地位)、物质刺激等。

履行政府创新职责，须强化扶持政策协调和制度创新。一国技术创新能力的强弱，表面上看是企业充分竞争的结果，实际上是与政府政策协调和制度创新须臾难分。美日之间著名的“半导体竞争”，就是政府扶持企业参与高科技产业国际竞争、争夺国家竞争优势的著名案例。“二战”后，美国在微电子技术领域遥遥领先，20 世纪 70 年代，日本政府进行了一系列“政府支持、市场导向”的制度创新，日本微电子技术及产业迅速跃升，并威胁到美国地位。印度软件产业、我国高铁产业也都是突出的案例。上周举行的科技创新大会上，科技体制及相关体制改革提上了重要的议事日程，尤其是完善符合科技创新规律的资源配置方式值得我们引颈期盼。

履行政府创新职责，须构建完整的创新“过程链”，优化创新的“公共品”供给。创新过程链的“上游”，即理论和前期应用研究、创新人才的教育和培训，属于“公共品”，其主体是科研院所和高校，必须由政府来组织和实施。“中游”起到承上启下的作用，如何通过有效的机制，将“上游”的成果传递到“下游”，这涉及复杂制度安排，如建立知识产权制度、激活技术人才创造力、鼓励科研成果市场化转换等，这同样需要政府统筹协调。“下游”则是企业通过对“上游”的综合利用，通过研发活动进行生产经营，将技术创新转化成新产品（自然科学）、新模式（通常是管理等社会科学）等。一般认为，政府应当更多地投入基础研究，而不是接近市场的研发。因此，政府必须在基础研究、原创性创新、人才教育培训、具有“远见”的项目等方面加大投入，优化技术创新的“公共品”供给，帮助华为们构建健康的创新链“上游”“中游”，构建良好的创新生态体系。值得一提的是，政府尽可能不亲自参与接近市场的研发，而是以激励的方式将“下游”交给企业，以市场激活企业主体创新作用。这既可集中物力财力进行创新“公共品”供给，还可避免对“下游”的“挤出效应”和“与民夺利”。（本文发表于《中国证券报》《新京报》）

2. 让市场机制激发基础研究原始创新

李克强总理2015年4月10日到吉林大学无机合成与制备化学国家重点实验室考察，该实验室在物质科学研究领域居于世界前列。总理说，虽然这一研究现在看像“坐冷板凳”，但将来会变成“热领域”。国家核心竞争力要靠基础科学研究，根基扎实才有原始创新，才会有世界一流佳绩。（中国政府网，2015年4月14日）

基础研究是一个国家科技实力和潜力的重要因素。改革开放以来，我国加大了基础研究的投入力度，也取得了丰硕的成果，但也存在一些问题，如李克强总理勉励科研人员所要摒弃的“急功近利的思想”便是之一，以及原始性创新不足等。笔者认为，进一步鼓励基础研究实现李克强总理“多出成果”的要求，充分发挥其在我国创新型国家建设中的“墙基”作用，就亟须建立新的市场竞争机制来激发内生动力，弥补传统模式的激励机制不足，形成良好的基础研究原始创新环境。

“基础研究”因其投入费用高、失败风险较大，但其研究成果又能产生较大社会福利，且在使用和消费中具有非排他性和非竞争性（消费者增加不引起生产成本增加），属于典型的公共品之一。公共品供给是“市场失灵”的重要领域，例如“搭便车”“公地悲剧”，最终导致市场供给不足或缺乏，因此，各个国家通常由政府提供公共品，即使在市场经济高度发达的国家，基础研究也是主要由政府投入提供的。

近年来，我国政府极其重视基础研究投入。2006年我国基础研究投入155.76亿元，2013年达到555亿元，年均增长约20%；我国科技论文总量2006年以来一直居于世界第2位；我国从事基础研究队伍体量已具备科技大国的规模；我国基础学科在国际上的综合排名大幅度提升，其中，数学、物理、化学、工程技术、计算机、材料、地学等位于世界前8位；取得了一批诸如量子通信等在世界上具有重大影响的研究成果。

然而，公共品由政府供给也不是完美无缺，也存在“政府失灵”的现象。产生“政府失灵”的主要原因有：政府官员和政府机构“理性经济人”的利己性；缺乏成本收益的约束机制与竞争机制；政府有限能力与信息不对称；公共品的非排他性和非竞争性、外部性等特性；等等。具体到我国基础研究的“政府失灵”主要表现为，原始性创新不足，成果低效低质等痼疾。有数据显示，我国研究者近些年写了大量论文，世所罕见，但大多数研究人员都在重复地做低层次的简单的研究工作。当前，很多重要的研究领域仍由欧美发达国家主导，我国科学家的研究总体上还是跟踪性的，原始创新研究较少，同时有分量的成果十分有限；还存在不少虚假报销、挤占挪用、违规转拨等科研经费违规违纪行为。

追根溯源，我国基础研究中所存在的问题主要原因是竞争机制、激励机制不足，单独强调纠正科研人员、政府官员以及科研机构的利己性恐怕难以矫正，只有用市场机制才能激发基础研究的内生动力。

第一，切实按照李克强总理要求的，进一步深化科技、教育等体制改革，以顶层设计优化基础研究这一公共品的供给。第二，用制度、法纪规范，是应对“政府失灵”的有效对策。近年来，报销造假、成果注水、弄虚作假等科研腐败屡见不鲜，必须用党纪国法来加强硬约束力。例如，前不久，西安理工大学校长用科研经费购置奥迪轿车、购物卡和过节费发放，被免职调查。第三，引入市场机制，将公共物品投资主体多元化。政府提供并不意味着一定要政府直接生产，将鼓励民营、合资、外资等社会资本参与，从而形成竞争机制，例如深圳“民办公助”类新型科研机构华大基因研究院，短短 6 年成为全球基因测序及基因分析规模最大的机构，在世界权威的《自然》和《科学》期刊发表了近百篇高水平文章。第四，规范、创新考核激励办法，探索新型科研机构市场化配置机制。传统科研机构的技术、资金、人才、设备、场地等要素资源依赖行政渠道配置，往往低效率或不合理配置，导致创新元素既缺乏又闲置。科研机构可采取企业化管理、以市场化为导向的产学研成果机制，激化科研机构和科研人员的内在活力。第五，建立基础研究成果产权保护机制，运用财税补贴、购买成果等市场思维，以市场化竞争机制激励企业或者组织参与基础研究，而不仅仅是拨款单一手段。（本文发表于《经济日报》）

3. 着力推进制造企业的服务创新

随着经济一体化和科技进步的快速推进，世界消费需求模式发生了巨变，体验经济和创意经济的地位陡然上升，服务化已然成为当今世界制造企业的重要发展趋势。20世纪90年代以来，在全球化和信息化浪潮的推动下，全球产业结构正在从“工业型经济”向“服务型经济”转变，全球服务业增加值占全球GDP的比重已经由1960年的40%增至2012年的70%以上，服务经济的典型特征尽显。正因如此，作为推动服务经济的强大工具，“服务创新”越来越多地受到国际学术界和产业界的关注。

长期以来，我国制造企业主要采取以短期的价格竞争策略来应对同质化的产品市场，而不是依靠提升产品的服务质量实现差异化竞争。这种竞争战略对于制造企业本身的发展极为不利，假如不改变原有的传统竞争战略，不仅会影响到国家产业体系的转型升级，甚至会阻碍经济社会的可持续发展。诚然，近年来我国部分知名企业，例如海尔、联想等也相继推出了电子结算平台和网上服务平台等，这些措施都向消费者传递出强烈的服务化信息。但与发达国家的企业相比，我国制造企业的服务意识和服务理念都存在着较大差距。据有关资料显示，欧洲制造企业中的服务化项目所占比重为6%左右，而在中国制造业中服务化项目的比重还不到1%。由此可见，我国制造企业的服务化发展空间还非常大。

推进制造企业服务创新，必须坚持科学发展观，不断完善转型升级、创新驱动的战略，鼓励和支持制造业创新与服务业转型升级，着力推进可持续、可循环、低消耗、低排放的产业结构和消费模式的形成和发展，促进生态文明与工业文明有机协调发展。推进制造业服务创新，还需要借鉴先进发达国家的经验，结合我国具体实际，大力推进政府从“管理型”向“服务型”角色的转变，构建科学、合理的优质公共服务体系，从而为经济转型升级提供强有力的体制机制保障。与此同时，还要注意不断创新服务模式，增强企业核心竞争能力，打造具有独特竞争优势的服务模式。在激烈的市场竞争形势下，只有服务模式一直保持先进，才能为企业赢得更多的客户，才能在激烈的市场竞争中占据主动性。因此，我们既要增强使命感和危机感，又要注意进行科学决策和沉着应对。具体而言，需要做好以下几个方面的工作：

协调各种动力因素，促进服务创新发展。制造企业应该结合自身的优势和劣势，从战略前瞻角度，协调整合企业优劣势，营造一种良好的服务创新环境，并建立有效的、贴近实际的激励机制，来推动企业服务创新的发展。同时，制造企业还应重视顾客的需求，注重竞争对手的变化。制造企业应该用动态的观点来看待问题，随时关注顾客需求，整合内外部各种资源，在合适的时机发挥各种驱动力的作用。同时，按照动态竞争理论，制造企业在寻找驱动力以推进其服务创新时，应该以动态的、开放的角度来看待，并不断推进企业的价值实现。

以客户为中心，加强对服务创新的战略管理。制造企业应该以客户的个性化需求为中心，以企业内部资源为基础，在服务创新战略的指导下拓展和延伸企业的价值链。现代制造企业的服务化发展战略是企业发展的重要趋势，也是开放型服务创新战略的重要部署。按照过去的做法，制造企业往往是从自身的角度出发对其产品进行评价，这就容易造成过分关注产品的性价比而不是消费者对产品价值的感知。然而现在那些实施服务创新发展战略的制造企业，其整体竞争力要高于另外一些企业，结果是其生产、提供的产品很难被模仿，企业绩效超常增长。此外，实施服务创新的制造企业，将领先于行业内的其他竞争对手，并抬高整个行业的进入壁垒，降低潜在竞争对手以及替代品的威胁。

注重应用先进技术与管理理念，密切关注外部制度环境，推进企业服务创新。在当前世界经济总体下行的大背景下，应用先进技术与管理理念，高度重视新的技术研发，寻求科技上的创新和重大突破，对推进经济结构和产业结构转型升级、世界经济发展走出低谷无疑起着至关重要的作用。近年来，越来越多的国家或地区，广泛参与到新材料、新能源、节能环保、生物医药等新兴战略产业的发展之中，展开了一场争夺未来发展制高点的攻坚战。先进管理理念和现代通信技术，对于制造企业的服务创新具有显著的促进作用，我国企业应该特别注重这两个因素，以适应其向服务端口延伸的战略。同时，企业应该注重制度轨道。制度环境既可以压制和扼杀企业进行服务创新，也可以诱发和促进企业进行创新活动。

加强企业客户服务文化建设，使以客户为导向的服务观念深入人心。客户服务文化是贯穿服务模式的灵魂，没有良好服务文化的底蕴，服务模式就会缺乏根基，就难以形成独有的服务模式。企业文化是企业发展中形成的一套普遍认同的价值观和行为准则，服务文化建设必须与企业文化有机地结合。客户服务文化是企业文化的重要内容，客户服务文化建设不仅可以丰富和发展企业文化，同时它也是企业的核心竞争力之一。搞好企业客户服务文化建设，要发挥企业领导的引导和组织作用，在全体员工中树立以客户为导向、使客户满意的服务理念，鼓励和支持员工拥有服务创新精神，大力加强对员工的培训和继续教育，不断提高员工

的职业素质和技术水平，构建员工的主人翁文化氛围。（本文发表于《光明日报》）

4. 外贸新优势需重视企业“异质性”

海关总署近日公布的2015年4月中国进出口数据双双下滑，其中出口同比下降6.4%；进口下滑16.2%，为连续第四个月以两位数速度下滑；1—4月出口同比增长1.6%，进口下降17.3%。日前，国务院印发《关于加快培育外贸竞争新优势的若干意见》提出，要巩固贸易大国地位，推进贸易强国进程。（《经济日报》，2015年5月13日）

在我国外贸形势复杂严峻、下行压力背景下，国务院此次出台的外贸领域支持性政策可谓“及时雨”，被称之为外贸“国九条”。笔者认为，加快培育竞争新优势，推动由贸易大国向贸易强国转变，必须依靠企业，需重视企业“异质性”（企业之间的差异性），以创新驱动战略构建竞争性效率优势，嵌入国际贸易上游价值链条，谋求持续、健康发展。

新古典经济学把企业假设为完全同质的最优化生产者，我国过去的30多年市场经济发展中，尤其是外贸进出口，中国企业大多采用的是短期价格竞争策略，用同质化产品竞争。当劳动力成本、原材料成本等要素价格上升时，我国外贸依靠自然禀赋而建立起来的比较优势，受到东盟等国家和地区更低成本的严重挑战。当前，我国政府为了保持企业的竞争力，大力推行减税降费、降低利率等举措，但我们应该清醒地看到，从长远来看，在人口红利逐渐消退、环境保护及工人劳动福利不断强化等刚性预期下，仍寄望于获得价格优势的空间是不现实的。

早期，经济学家往往倾向于一个国家的贸易比较优势在很大程度上是由其自然禀赋决定的，但日本等自然资源匮乏的国家，却在国际贸易中扮演重要角色；传统贸易理论认为规模报酬不变，而工资水平等要素成本高企的发达国家的贸易占大多数，等等。新古典经济学理论对此是缺乏解释力的。近年来，“异质性企业贸易理论”（又称“新新贸易理论”）发展迅速，该理论认为，一个国家的国际经济贸易活动，不仅取决于比较优势、自然禀赋等因素，更取决于该国企业的状态、效率和竞争力状况。一个国家的企业如果效率很高、竞争力很强，对其他国家的企业具有优势，就可以在很大程度上让全球变为自己的市场，否则就只能龟缩在国内，甚至被淘汰。

有学者将竞争性技术、国际贸易成本、具备异质性技术水平的工人三个因素视为企业异质性的根源。因此，我们需围绕这三个方面构建外贸企业的“异质性”：

第一，外贸企业必须尽快摈弃传统的竞争战略，以获得性禀赋、核心知识、专业化等替代对自然禀赋（劳动力、土地等）的依赖，构建我国外贸企业新的比较优势，例如：日本汽车等产业、瑞士钟表行业。第二，以国际市场需求为导向，深刻理解创新的重要性，在创新中不断提高企业劳动生产率、增强企业竞争力。熊彼特的创新理论认为，企业是创新的主体，企业家是创新的核心，企业家精神是创新的源泉。在这个意义上，我国外贸新优势尤其需要依靠企业，依靠企业家。第三，扭转当前外贸的扭曲扶持政策，出口退税、补贴等，应充分激励企业的创新能力、品牌建设等，避免鼓励规模而引发同质化恶性竞争。第四，积极参与国际贸易规则制定、改进外贸体制和营商环境等，降低我国外贸企业国际贸易成本。贸易政策对外贸企业影响显著，特别是促进贸易平衡、改善贸易条件（“一路一带”战略、通关便利化等）、引导贸易流向以及形成良性有序的贸易竞争环境等尤为重要。第五，培育与竞争性技术（包括管理技术、服务创新能力等）相匹配的、具有异质性技术水平的工人，以成熟的产业工人提升生产效率。（本文发表于《经济日报》）

5. 知识产权司法保护需优化博弈关系

4 月 26 日是第 16 个世界知识产权日。最高院日前发布的白皮书显示，2015 年全国法院积极履行知识产权司法审判职责，全年共审结各类知识产权案件超过 14 万件，这一数字比去年增加超过 10%。(《民主与法制报》，2016 年 4 月 25 日)

我国一直高度重视知识产权保护，近年来知识产权通过司法保护取得了显著成效。但应该清醒地看到，我国知识产权保护效果与社会期待还存在一定的差距，现有的法律体系还不能满足知识产权保护的现实需要，例如知识产权维权难，周期长成本高赔偿低。笔者认为，构建知识产权司法保护制度需要优化维权与侵权两者之间的博弈关系，设计一套有利于维护权利人合法权利、打击侵权人不法行为的公共政策，司法才能更好地保护知识产权。

当今知识经济时代，一国经济跨越式发展和可持续发展对知识产权的依存度越来越强，以我国改革开放初期高度依赖资源和投资驱动的经济发展模式难以为继。十八大我国确立了创新驱动发展战略，而知识产权保护是创新驱动的基础保障。现代发展经济学在对穷国家与富国家进行大数据的对比研究后发现，贫富的差距不在于资源禀赋的差距，而在于产权制度的保护。知识产权保护的重要意义不言而喻。

利用法律制度的强制力来界定和保护产权是一项伟大的“社会发明”，能够充分提升经济效率和社会总福利。而对产权的保护，主要是指对产权的“排他性”进行有效保护。一个社会如果不建立对产权利用的排他性权力体系，那么就不会有任何经济秩序。不过，“理性经济人”总是基于“边际成本”和“边际收益”来作出决策行动，当控制和保护产权的“边际成本”高于其带来的“边际收益”时，产权将被放弃，市场也不会有效地配置这样的资源。反之，人们会从边际净收益来判断是否值得攫取。具体到知识产权司法保护上来，维权者因为打官司周期长成本高、获得赔偿低，往往“赢了官司，输了钱”，久而久之维权者即使被侵权也不选择诉诸法律。而侵权者因为损失小、获利多，侵权行为变得有恃无恐。

毫无疑问，知识产权中的保护与侵权是存在此消彼长的博弈关系的。博弈论告诉我们，在“承诺博弈”中的“承诺”（法律的惩罚），需具有可观察性和可执行、可被“信任”，才能达到“威胁”的目的，否则所谓的“威胁”只不过是唬人的“纸老虎”。换句话来说，只有“可执行的威胁”，才是有效的“承诺”。比如：公共场所吸烟问题，罚款是“可执行”的，而“判刑”是不可执行的。“有法可依”必须加上“有法必依”，才能赢得法律应有的尊严。

当然，知识产权保护中“可执行的威胁”远比公共场所吸烟罚款复杂，涉及取证难等特殊性。但从边际成本和边际收益、博弈关系等出发，就能设计出一套良好的知识产权保护的公共政策：对于受保护的一方，一是提供低成本的知识产权保护体系，降低维权者的边际成本。例如降低维权者初期诉讼收费的门槛，部分可在侵权方提高诉讼费用；优化法律程序，缩短判决周期；简化法律程序缩短司法时间、提高对判决结果的执行力，等等。二是建立高额的惩罚性赔偿机制，提高维权者的边际净收益以鼓励维权积极性。例如：提高法律赔偿额度，建立类似消费者权益保护的“以一罚十”的惩罚性赔偿制度。知识产权维权如果出现“赢了官司，输了钱”的情况，必然挫伤维权者的积极性。反之，对于侵犯知识产权的一方，要设计一套惩罚制度，令其非法攫取知识产权的“边际成本”要远远大于其“边际收益”，从源头上消除攫取行为的获利动机。（本文发表于《经济日报》）

6. 机器人服务员被“炒鱿鱼”是谁的错?

在广州合味来机器人连锁餐厅，记者已看不到机器人的踪影。据了解，机器人只能沿着固定线路送餐，加上餐厅人员走动大，机器人不懂得躲闪，上菜容易撒落打翻，甚至造成安全事故。此外，机器人的服务水平也十分有限。体验过机器人上餐服务的王小姐说：“服务的内容有点少，既不能点餐加水，点的餐还要自己端下来。”王小姐表示，机器人的服务更多是机械性的，“人性”还不够。(《南方都市报》，2016 年 4 月 5 日)

扫地机器人、画家机器人、音乐家机器人……机器人不可阻挡地进入我们人类生活中，前不久“阿尔法狗”和李世石的人机大战更是引来全球热议。此次广州机器人服务员被“炒鱿鱼”，则是在警示我国机器人产业喧嚣之下仍需冷静：机器人并非每个领域都“无所不能”，在机器人发展及应用上需要精准定位刚性需求行业，政府、行业、企业要有的放矢地集中技术、人才、资本，防止一哄而上导致资源浪费，无法形成我国机器人产业的核心竞争力。

机器人服务员被“炒鱿鱼”，显然并不是机器人效率低下的错。机器人下围棋已经战胜人类了，机器人会写新闻了，机器人会写小说了，喧嚣背后我们少了质疑精神：下棋仅仅是技术的切磋，而不要情感的交流?机器人写的新闻和小说，能满足人类丰富、细腻的情感需求?事实上，机器人缺少人类的灵活性、创造性，它只能替代人类的重复性劳动，而无法替代人类某些创造性、人性化的工作，比如服务业领域人际沟通交流较多，这是机器人无法做到的。换句话来说，机器人服务员被“炒鱿鱼”不是机器人的错，而是我们将它放错了位置。

笔者认为，机器人服务员被“炒鱿鱼”至少给我们带来三个方面思考：

首先，我国机器人产业不宜“全面开花”，而是要结合我国自身发展需求专注于制造业等部分领域发展。机器人产业是一个技术、人才、资本密集度较高的产业，经济学认为资源永远是稀缺的，我国技术、人才、资本显然不足以支撑机器人行业“全面开花”。近年来，随着产业升级、劳动力成本持续增加，但我国制造业中的工业机器人需求出现井喷式增长，国内机器人企业在整机和关键零部件及核心技术，与国际上还存在较大差距，我国机器人产业应当聚集人才、资金等资源攻坚克难，打造我国机器人产业在先进制造业等领域的竞争优势。

其次，政府优惠政策不宜“撒胡椒面”，而是对发展核心技术竞争力、培育优势行业应用等方面进行针对性的倾斜。从公开的报道来看，我国各级政府对机器人产业从土地、税收、资金等方面提供了大量的扶持，但导致同质化竞争严重、缺乏核心技术。缺乏核心技术的产业总是因受制于人而不堪一击的，政府的优惠政策应该渗透机器人产业链核心环节的培育、激励机器人发展刚性需求的行业。

最后，机器人企业不宜“浮光掠影”，而是要从市场的角度，对机器人应用领域的刚性需求进行理性判断。从人工智能的技术发展角度看，或许机器人能具备更高的“智慧”，也能满足较高的“情感”交流需求。但缺乏温度、甚至过于完美无瑕的机器人，肯定永远无法满足人们“人性”的需求的。机器人服务员、画家机器人等领域，至少在可以预见的未来都不会成为机器人应用的刚性需求。“机器人服务员”从研发者、生产企业，都有一种追逐“噱头”的味道。一个高科技产业过于追逐“眼球经济”，浅尝辄止必然不是企业持续生存之道，企业还是要遵从市场，集中精力和资源投入到刚性需求领域，并在全球竞争的语境下形成自己的技术竞争优势。

当然，需要指出的是，“阿尔法狗”的魅力并不是战胜了人类，而是充满无限遐想的“人工智能”引发了机器人未来如何更好地服务人类的思索。因此，我国机器人行业也不能患局限于当下应用的“短视病”，必须从原始性创新的出发点加大对“人工智能”的投入力度。笔者相信，我国“人工智能”技术发展到一定阶段的时候，将是被“炒鱿鱼”机器人服务员重新上岗为人类端盘子的日子。（本文发表于《西安日报》）

7. 钢企扭亏要去产能更要技术创新

安徽、河北、山西、贵州、吉林、辽宁、山东、河南八省份的钢铁煤炭行业去产能方案已经上报至国务院有关部门。作为供给侧结构性改革中的第一要务，去产能已经形成国家和地方层面的全面共识。今年春节前国务院发布两行业去产能意见，明确要求钢铁、煤炭行业3—5年内各压缩产能1亿—1.5亿吨和5亿吨左右。有意思的是，此次去产能大战中，地方力度似乎远超国家预期，一些已经形成方案的地方政府提出的去产能目标累计总量可观。（《中国证券报》，2016年4月12日）

近年来，钢铁行业低迷，钢企亏损，主流观点认为主要是钢铁产能过剩导致，钢企去产能成为有关部委和业界关注的热点，有关部门推动钢铁企业加快兼并重组以缓解产能过剩矛盾。笔者认为，兼并重组、去产能只是短期对策，中长期还应当立足研发创新、产品结构优化和高级化等提升产品附加值，完善企业组织结构、提高能源利用率等降低成本产品。尤其值得指出的是，能耗占我国钢铁企业产品成本30%以上，而日本钢铁企业能耗仅占15%，因此钢铁企业立足环保降低产品成本空间巨大。

第一，钢企扭亏增盈要立足技术创新，做技术研发能力的“领跑者”。日本是一个没有铁矿石资源和煤炭资源的“钢铁王国”，拥有世界上最先进的钢铁工业技术。日本钢企认为，研发经费占销售额1%的企业难以生存，2%的企业勉强生存，占5%以上的企业才有竞争力。大型国际钢企的研发费用要占到销售额10%，而中国钢企大都在1%左右。我国钢的生产能力占世界10%，而世界市场占有率仅为2%左右，其主要原因是我国钢材技术研发能力偏低，缺乏国际竞争力。钢企要想获得持续竞争力和良好的经济效益，必须要牢牢地依靠技术创新，提高科技人才比例、研发经费投入比例，创新以市场为导向的科技成果转化为生产力的激励机制，不能“纸上创新”。

第二，钢企扭亏增盈要改变以量求生存的旧思维，实现产品结构的优化、高级化。2008 年以来，随着国际、国内市场需求低迷，我国钢材价格出现大幅下滑，而我国钢铁企业采取了以量求生存的思维模式，“跑马圈地”、一味地提高产量，追求所谓规模经济，而不是提升钢材质量，最终导致规模不经济：铁矿等原材料上升、低端钢材产品产能严重过剩、钢材价格一滑再滑。虽然自从 1996 年起，中国钢铁产量连续稳居世界第一，但每年国内无法生产、需要进口的钢材总量高达 1000 万吨以上。显而易见，同质化产品相互恶性倾轧是钢企的一条死胡同，钢铁产品结构优化、高级化，提升产品附加值，才是我国钢企的必由之路。

第三，提高能源利用率，是降低产品成本和实现环保的双赢之举。中国钢铁生产依然偏重于高能耗、低附加值产品，我国大中型钢企每吨钢材综合能耗比国际先进水平高 81 千克标煤，耗新水高 11.15 立方米，固体废物利用低 37.6 个百分点。实际上降低能耗和实现环保并不是企业的负担，而是降低产品成本的一个有效手段。国际钢企通过节能降耗和综合利用，发展循环经济，不断提升余热、余能等二次能源利用率，获得了钢材产品低成本优势。日本新日铁公司余热余能回收率达 92% 以上，企业能耗费用占产品成本 14%，而我国钢企大多数余热余能利用率低于 50%，能耗费用占产品成本 30% 以上，因此，我国钢企立足节约要效益的空间巨大，国家要出台加速折旧、技改优惠贷款等措施。

第四，深化企业改革，完善企业组织结构，向管理要效益。现代科学表明，管理是生产力的要素之一，它起着放大生产力的作用。除了发挥其自身优势、科技优势和人才优势外，通过加强管理，以管理促发展要效益也是十分重要的经济手段。我国钢企存在企业组织结构不合理、布点过多、规模过小、管理不当、缺乏市场活力等问题，扭亏增盈工作应着重在于完善企业组织结构、提高劳动生产率等，通过转换内部经营机制、引进先进管理技术等，激发企业活力提高企业的市场竞争能力。

最后，需要特别指出的是，兼并重组不能一味地追求规模，积极探索小规模高效益的生产方式，如一些高附加值的特种钢材，也是我国钢企扭亏增盈的出路之一。（本文发表于《山西日报》）

PART 10

企业——“国民经济的细胞”

凯恩斯在《货币论》中指出：“是企业建立和提高了这个世界的财富……如果企业在运行，无论是否节俭，财富都在聚集；如果企业停滞了，无论如何节俭，财富都会衰败。”

企业强，则国家强。国际著名战略大师迈克尔·波特在其钻石理论中提出了国家竞争优势的四要素，包括生产要素，需求条件，相关产业与支持性产业，企业战略、企业结构及同业竞争。由此可见，企业在强国富民中的重要地位。在市场经济条件下，纵观全球经济史，还没有发现企业不强而经济发达的例子。

企业是企业家乃至企业家精神的外化，企业之间的差异往往是由企业家及企业家精神所决定的。熊彼特把企业家才能看作是经济增长与发展的原动力，并认为，企业家的本质是创新，创新是推动社会经济发展的巨大动力，创新的动力主要来源于企业家精神。

“供给侧改革”是创造新的供给方式，创新是其精要所在。换言之，“供给侧改革”本质上就是培育好的企业及企业家主体，激发企业家精神。李克强总理在2015年12月2日的经济工作专家座谈会上特别指出：这几年，我们出台的政策重点是在供给侧加大改革力度，为的“就是放手让企业家去创新”。

1. 中国企业家如何“改”？

中国汉字博大精深，哪一个字可以代表这一年中国企业的发展态势？近日，“改”字高票当选 2014 中国企业年度汉字，呼应了全面深改元年的公众期待。

企业改革发展和我们每个人息息相关。经济学基本原理告诉我们，一个国家的生活水平取决于它生产物品和劳务的能力，企业作为物品和劳务生产的直接承担者，其生产率直接决定一国的经济发展速度和人民的生活水平提高。美国哈佛大学教授赫尔普曼等认为，一个国家是否以及如何参与国际经济贸易活动，不仅取决于比较优势、自然禀赋等因素，更取决于该国企业的状态、效率和竞争力状况。

企业的概念可能太过于空泛，“人”才是生产力中最活跃的、最值得浓墨重彩的因素。熊彼特在《经济发展理论》一书中首次把企业家才能看作是经济增长与发展的原动力，认为正是企业家的“创造性毁灭”推动着经济发展水平的波浪式上升，企业家通过不断开发新产品、引入新生产方式、开辟新市场、获取新材料和建立新组织的一系列创新来推动经济发展。

国以人立，业以人兴，没有一群“有眼光，有胆量，有组织才能进行创新”的企业家队伍作支撑，要实现中国经济崛起是不可能的。东扯西拉的绕圈，就是为了找到“改”字的真正主体——站在中国企业背后的中国企业家。

当下世界，且不论究竟是大时代抑或是小时代，但因互联网等信息迅捷传递而支离破碎、瞬息万变却是不争的事实。就中国经济环境而言，也已发生沧海桑田的巨变，正如著名经济学家吴敬琏先生近日指出的那样：“野蛮生长赚快钱的日子一去不复返”，中国企业家唯有以“改”的姿态来迎接经济“新常态”。

中国企业家应该怎样“改”呢？具体来说，至少有以下几个值得关注的方面：

一是朝着“用市场理念发展企业、用法治思维治理企业”的方向“改”。十八大以来，“法治”“市场”成为我国当前社会经济生活中出现最高频率的词语，并以“治国理政”“简政放权”等一系列决策、政策逐渐融入到社会经济生活的方方面面，企业家必须认识到，法治化、市场化是中国社会经济发展到一定阶段的必然要求，这也是以后很长一段时间的“新常态”。

遗憾的是，中国不少企业家2014年在这两张答卷上并不及格。江苏首富朱兴良锒铛入狱；前几天著名浙商楼××或涉“大老虎”案被中纪委带走；2014年每集“打虎剧”中都有多名企业家涉案。中国企业家大量的时间、努力不是投入到生产、创新、追求利润的“寻利”中，而是用在了与官员进会所等“寻租”中。中国不少商人崇拜“红顶商人”胡雪岩，然而，古往今来多少靠权贵建立的庞大商业帝国最终灰飞烟灭，刘汉的400多亿资产连他小命都没有保住！值得指出的是，“法治”“市场”的基石是契约精神，著名企业家宗庆后、马云不管成就多么显赫，曾经的达能事件、支付宝事件都是他们永远无法抹去的争议“污点”。口碑向来不错的绿城宋卫平，2014年也因为食言而饱受争议。

二是朝着“夯实企业核心竞争力、提高生产率”方向“改”。近年来，中国企业家实在是太浮躁了，言必称“互联网思维”，言必称“金融杠杆”“品牌建设”，却忘记了如何将产品或服务做到极致。在浙商“抱团”山西挖煤、到处采矿的高峰时期，一个杭州正在装修新房的朋友说，家里装修用的产品除了广东生产的，没有一件是浙江生产的。“潮水退去才知道谁在裸泳”，当年醉心于投机的温州商人至今仍在痛苦的煎熬中。

企业“啄食顺序”理论认为，生产率最高的企业全球通吃；次之的企业鲸吞蚕食；再次之的企业分一杯羹；又次之的企业在小圈子里讨生活；生产率最低的企业被迫退出市场，无食可吃。经济学家认为，“企业丛林”中的“啄食顺序”如同自然界的生物链一样，是依据能力和竞争力自然形成的，处于食物链的最低端，时常面临被吃掉的命运。

三是朝着“建立能快速、有效、持续地、有系统地进行变革的组织”方向“改”。物竞天择，企业正如自然界进化论一样，“适者生存”，诺基亚则是反面事例。身边的许多企业家朋友，近年来深刻感受到了互联网带来的商业模式冲击。近两年来，笔者家里不少消费都是通过互联网实现的，东莞工厂里的衣服、遵义果农直接摘下来的苹果、农户家做的腊肠等，必须单独列举的还有，今年86岁高龄、企业家的教父——褚时健种的“褚橙”，而早几年仅上网买书。工业化革命以来，经济发展主要靠物质消费带动，而未来，经济发展不再仅仅靠物质消费驱动，创新经济和创意经济最有可能成为新的动力。人口数量、结构的变化等，都深刻影响着商业变化。

四是朝着“资源节约、环境友好”的方向“改”。中央经济工作会议指出，从资源环境约束看，过去能源资源和生态环境空间相对较大，现在环境承载能力已经达到或接近上限，必须顺应人民群众对良好生态环境的期待，推动形成绿色低碳循环发展新方式。纵观国内、国际生态环境的严峻现实，未来企业要想实现可持续发展，就必须打破“边发展边污染”的魔咒，实现从生态破坏型向生态友好型发展模式转变，今后企业家必须要有“经济效益最佳、生态效益最好、社会效益最优”的生态文明理念。（本文发表于《企业观察报》）

2. 国企重组须防“兼”而不“并”

过去的一个星期，又有两例央企重组产生：2016 年 7 月 11 日，国资委通报，中国国旅集团有限公司整体并入中国港中旅集团公司，成为其全资子公司；7 月 15 日，国资委通报，中国中纺集团公司整体并入中粮集团有限公司，成为其全资子企业。据国资委介绍，目前集团层面重组步伐不断加快，5 组 10 家中央企业重组工作正在积极推进，还有几组重组工作正在酝酿中，中央企业户数年内有望整合到 100 家以内。（《证券日报》，2016 年 7 月 18 日）

当前，国企尤其是央企存在冗员多、效率低、投资行业过多、过宽等问题，以兼并重组为国企改革的抓手，达到提质增效的目的，这也是供给侧改革的要求。笔者认为，国企重组不能只是简单地“合并同类项”，要让市场真正发挥作用，让企业根据自身发展需要来优化资源配置，避免行政化手段导致“兼”而不“并”、“整”而不“和”。

事实上，国企的兼并重组并非第一次，上一轮集中在钢铁、煤炭等行业进行了较大规模的兼并重组，以扩大产能为主要特征。今天最需要“去产能”的钢铁“巨无霸”企业，如河北钢铁、宝钢、武钢等，都是在当年的兼并重组中“做大”的。残酷的市场现实让兼并重组又一次“轮回”，但这次则以“去产能”为主要目的。显然，一次次在行政化“有形之手”指导下、政府强势推动的兼并重组中，并没有实现“做强”的目标。

企业兼并重组牵涉面广、协调难度大，简单的两家合并成一家的“合并同类项”，有时候往往带来问题的叠加，加剧各方利益集团之间的矛盾。钢铁行业 2007—2011 年间的“兼并重组潮”就教训深刻，宝钢重组八钢、韶钢，武钢重组昆钢、柳钢，首钢重组水钢、长钢、通钢，以及鞍山钢铁集团与攀钢重组等；山东钢铁集团、渤海钢铁集团等先后成立。这些重组都曾经描绘了“强强联合、互补增效”美好愿景，但最终结果却事与愿违，企业内部出现“兼”而不“并”、“整”而不“和”，企业内部子公司各自为政，“内部公关比外部公关还难”，渤海钢铁至今身背千亿债务。

深刻的教训告诉我们，虽然国企不能等同于非公企业，不可能完全去除行政色彩，但兼并重组归根结底还是“市场化行为”，行政化手段往往让兼并重组变味，甚至背离改革的初衷。因此，注重发挥市场配置资源的主导作用，尽可能淡化行政化色彩，是这次国企兼并重组能否奏效的关键之所在。

首先，必须以企业为主体，明确兼并重组市场主导作用，坚持市场化运作。一是结合中央“混合所有制”“打破非公经济身份歧视”等深化改革的精神，引入非公经济参与到兼并重组之中，尤其是一些竞争领域的国企兼并重组。二是即使是国企之间的兼并重组，也应当采取市场化手段，而不是简单地通过行政手段整体划转。三是必须按照习近平总书记近日要求的“国企建立现代企业制度”重要指示精神进行改组改造。

其次，坚持自愿协商原则，统筹兼顾各方利益，是兼并重组能否获得成功的重要前提。“融合”是兼并重组中的世界性难题，是兼并重组失败的主要原因，而“融合”失败则往往是各方面利益矛盾难以调和的结果。以宝钢和武钢合并为例，牵涉到武汉和上海两地政府税源、GDP 等考量，以及两家企业干部职工的企业文化冲突，等等，这些现实而复杂的利益问题，往往是兼并重组的“绊脚石”。

最后，必须进行全方位联合重组，将战略、管理、生产、营销等各个环节重新优化配置。上一轮钢铁行业的重组，因各种利益纠结，河北钢铁集团、山东钢铁集团在产权、股权划转数年后，仍无实质性重组、貌合神离；“日照钢铁”、宝钢通过杭钢收购宁波钢铁的股权，更是出现“一波三折”，“市场”与“行政”之间的激烈博弈。这非但没有提升企业效率，而是消耗了企业资源，削弱了企业的竞争力。当然，“去产能”等联合整合行为必须以市场为导向，坚持效率与公平并重的原则。（本文发表于《中国证券报》《人民政协报》）

3. 什么是企业家必须攀登的“珠峰”？

昨天一早，王石在微信朋友圈里发文称：“当你曾经依靠、信任的央企华润毫无遮掩地公开和你阻击的恶意收购者联手，彻底否认万科管理层时，遮羞布全撕去了。”但随后不久，宝能旗下钜盛华和前海人寿提请召集2016年第二次临时股东大会，审议罢免包括王石等12人在内的公司董事、独立董事及监事职务。（《京华时报》，2016年6月27日）

万科股权之争这部跨年度商业大剧跌宕起伏，看点之多让人应接不暇。虽然“男一号”王石是否真正从万科出局一时还难以定论，但从“阻击野蛮人”那天起，他的一系列公开言行，其实已经提早剧透王石时代已经落幕。

“山高人为峰”，将“珠峰”踩在脚下的王石不复当年的豪情，精心包装的高大上形象，似乎一夜之间跌入谷底。登上“珠峰”的企业家不止王石一人，现在看来攀登“珠峰”也未必能提升企业家的胸怀和视野。那么，什么才是企业家必须攀登的“珠峰”呢？

在王石称“遮羞布全撕去了”的时候，他的一些言行也一层层地撕开自己的“职业经理人制度”“现代企业治理理念”“企业公民理念”等遮羞布：公然指责姚振华信用不够，不配万科品牌；冒大不韪宣布万科不欢迎民营企业入主；被迫道歉；公开表态说，无论是宝能还是华润，表面都是看似凶猛的狮子，到最后都得听万科管理层的……从资本市场规则和现代公司治理、企业伦理来看，王石显然没有遵守最基本的商业规则和商业伦理。

在著名企业家群体中，不遵守最基本的商业规则和商业伦理，而从事业的“珠峰”跌入低谷的，王石并非第一人，或许也不会是最后一人。

面对规则，企业家首先表现在不“信”上。与王石一样，我国企业家群体几乎有一个共性的特征，迷信“创始人”等来实现对企业的控制权，而轻视股权等现代企业治理上的法定控制权。2012年，雷士创始人吴长江与阎炎的控制权之争，我曾经接受媒体采访时说：“吴长江之所以造成现在这样的局面，很重要的一个原因是忽视现代企业制度的一些规则。比如控制权，我们很多民营企业迷信于个人对企业的控制力，而不注意股权制度上的设计，比如娃哈哈、马云、雷士。阎炎和施耐德的股份有40%多，不排除吴长江最终出局的可能性。”后来，吴长江引来的“白衣骑士”王冬雷最终将其送进监狱。

面对规则，企业家更表现在不“守”上。著名企业家宗庆后在与百富勤及达能的合资谈判中，达能与香港百富勤合计持股51%，娃哈哈集团持股39%，娃哈哈美食城公司持股10%，宗庆后是接受了这样的安排的。最后因品牌使用违规引发双方争议，虽然后来打民族牌、靠政商关系等“非规则”以外的手段，重新夺回了控制权，但业界对此几乎是一边倒的评价，宗庆后不遵守契约。阿里巴巴与雅虎的股权之争亦是如此，马云绕过董事会擅自转移公司资产，迫使签订城下之盟，其公众形象一直备受质疑。无须为尊者讳，宗庆后和马云的不“守”，让中国企业及企业家的形象蒙受了巨大的阴影。

现代社会付出了“野蛮生长”的代价后，逐渐建立了包括企业制度、产权制度、市场制度等一系列规则（伦理秩序属于非正式规则）。而这些规则是降低交易成本、降低不确定性、增加社会福利的最根本性保障。

王石作为万科管理层的代表，谋求控制权可以理解，但必须遵守基本的商业规则和伦理，几近“骂街式”的言论和漠视股东利益的行为，必然不被现代社会价值所接受。

“遵守最基本商业规则和商业伦理”，因为简单而貌似一座小山丘，但在“理性经济人”的“利益最大化”欲望驱使之下，却是人生一座难以攀登的“珠峰”。然而，“无信不立”，在名与利的诱惑面前，老老实实回到信守规则（伦理）上来，这是企业家必须攀登的一座“珠峰”！（本文发表于《长江日报》）

4. 让国企内部审计回归管理本质

在刚落幕的中央纪委五次全会上，习近平总书记强调，反腐倡廉建章立制要着重抓好4方面的制度建设。其中第4条直接针对国企：“着力完善国有企业监管制度，加强党对国有企业的领导，加强对国企领导班子的监督，搞好对国企的巡视，加大审计监督力度。”中国企业改革与发展研究会副会长李锦指出，不少国有企业现有的监事会、审计部门一定程度上“形同虚设”“主要问题在于部门领导由内部任命，领导由内部提拔，‘自己监督自己’就成了‘摆设’”。（《中国青年报》，2015年1月16日）

企业内部审计是现代审计体系中一个重要组成部分，是公司建立健全的治理结构的保障，其在企业内部控制制度建立及有效的运行、减少企业风险等方面有重大作用。国企审计部门“形同虚设”即企业内部审计职能缺失，表象是“自己监督自己”的矛盾，但说到底是其定位出现了偏差。目前，关于企业内部审计的定义也只是明确了审计对象和审计功能（查账论、监督论、评价论），而模糊了企业内部审计的本质：企业内部审计究竟是代表谁的利益？站在谁的角度实施审计？

追根溯源，企业内部审计还得从现代企业制度说起。现代企业制度的一个主要特征就是所有权和经营权的分离，确切地说是剩余索取权和决策权的分离，这种分离在企业理论中视为委托－代理问题。委托代理理论认为，企业是“若干契约的集合体”，委托代理作为一种契约关系，其基本内容是规定代理人为了委托人的利益应采取何种行动，委托人应向代理人支付何种报酬。由于委托人和代理人之间物质利益的不一致以及内部市场与外部条件的不确定性，使契约缺乏完备性，加之信息的不对称性，使得内部市场化条件下企业及各部门之间同样会出现不同形式的“逆向选择”和“道德风险”，而“逆向选择”和“道德风险”损害了委托人的利益。

具体到国有企业，国有出资人是委托人，国有企业的管理者是代理人。国有企业管理者出现种种腐败行为，从经济学的角度来看，就是基于非对称信息博弈，委托人监管失控，代理人采取了损害委托人利益的行为。设计合理的薪酬等激励有助于代理人按照委托人利益行事，但并不能完全解决委托－代理问题，防范风险最有效和最直接的办法之一就是强化对代理人的监督，而审计是其中的一种监督手段，审计有三种形式：政府审计、内部审计、社会审计（会计师事务所、独立审计）。因此，内部审计要代表委托人对代理人进行审计，作为民营企业委托人就是代表股东利益的董事会，而国有企业则是国有出资人，而不是董事长或总经理。

长期以来，我国国有企业内部审计由于在“为了谁”“代表谁”等问题上存在重大模糊，因此出现了重大异化、扭曲。当前，我国国有企业内部审计很大程度上已经不是代表作为国有资产所有者利益，而是代表管理者利益，对国企管理者的利益输送、贪腐、巨额浪费等行为熟视无睹，例如：下审一级、同级不审等。更甚之成为管理者损害国有资产的工具和“帮凶”，例如：在接受政府审计、外部审计时，内部审计部门反而“迎审”，以专业之长帮助管理者与之“博弈”。

内部审计是国有企业监督机制和自我约束机制的重要组成部分，是企业依法经营、规范管理的重要保障，如何建立有效的国企内部审计制度?

第一，完善内部审计的相关法律法规。健全的法律法规是强化内部审计工作的重要保障，但现有企业内部审计的最高法规就是审计署、国资委颁发的部门令，法律层级低，约束力也不强，而且相关规定笼统粗略，已经难以承担习近平总书记“加大审计监督力度”的要求。建议由国务院颁发《企业内部审计条例》或者全国人大出台《企业内部审计法》，从法律层面保障企业内部审计部门的权限和地位，尤其要提升国有企业内部审计机构在维护国有资产利益不受侵犯方面的监督权限。

第二，构建新型国有企业内部审计的管理体制，增强其独立性。独立性被业界视为审计的灵魂，“乌纱帽”和“饭碗”都在人家手里，还谈何监督?我们应该建立一个双重领导的内部审计部门，既是公司内部审计机构，又是国资委或政府审计部门（审计署、厅局）的派出机构，尤其是把人事任免、经费等专门安排，不必受制于国有企业管理者，提高其独立性。

第三，提升国有企业内部审计机构的级别。国有企业中主要存在两类的委托－代理关系：所有者与经营者的委托－代理关系，经营者与雇员的委托－代理关系。国企内部审计部门，作为下属完全放弃了对管理层的监督权；而作为公司的中层机构部分放弃了对雇员的监督权，即同级不审。这样一来，其审计职能大大被削弱。建议国企内部审计部门仿照纪检组长进领导班子的做法，当然不一定说非得要增加领导职数，可由现有领导班子成员兼任或职数内调整。

第四，明确国有企业内部审计机构的国有资产审计职责和具体内容，制定国有企业内部审计人员渎职究责办法。笔者查阅了国务院国资委第8

号令《中央企业内部审计管理暂行办法》，其中对国有资产改制重组、收购兼并目标企业是否合理等并无审计职责，对国有企业内部审计人员渎职行为究责也非常笼统模糊，不具有可操作性。

第五，赋予内部审计部门一定的处罚权，使其能够对被审计部门或单位内发生的违法违纪行为进行处罚，不能姑息迁就，提升其权威，使之能真正发挥监督职能。（本文发表于《企业观察报》）

5. 赋予完全竞争市场条件激发国企活力

李克强23日考察武汉钢铁公司。参观生产高端钢的硅钢四分厂时，总理指出，国企的根本出路在于改革。（新华网，2016年5月24日）

在我国经济高速发展的很长时间里，国企凭借垄断地位、无偿使用土地、超低利率融资、政府补贴等“红利”，掩盖了竞争力低下的短板，呈现出一片欣欣向荣的虚幻繁荣。正如股神巴菲特说的，“当潮水退去才知道谁在裸泳”。当经济“新常态”来临，国企明显有些“力不从心”，“僵尸国企”、贪腐等问题频频暴露，正如总理一针见血地指出，国企的根本出路在于改革。

国企真正改革的方向在哪里？笔者认为，虽然国企改革的路径、模式或因企业规模、行业等因素存在较大差异，但改革的核心重在健全、完善现代企业制度，释放市场条件，让市场机制激活国企竞争力。

近年来，国企改革的药方开的并不少，提得最多的是“混合所有制”“员工持股”等产权改革。其改革的思维是，目前国企的问题主要是产权所有者缺位，导致监管、制衡缺失，从而贪腐、低效率等“国企病”出现。由于国企产权“全民所有”必然导致“全民无法真正所有”的现实，这显然是无法通过改革来改变的。能不能引入高效率、产权清晰的非公有资本，与国资组建成为共同体呢？这样一来产权混合在一起了，利益上“同舟共济”后，非公有制经济将通过参与董事会决策等形式监督、提升“混合所有制”国企的效率，从而让产权所有者缺位的国有资本实现“搭便车”提质增效的目的。

不过，“搭便车”实现国资提质增效难以必然达成。其一，从现代企业制度来看，经营权和所有权分离后产生委托代理关系，所导致“内部人控制”和“道德风险”问题，不仅仅存在于国企，民营企业、外资企业等同样也存在这些问题，且程度不轻。其二，国企的“内部人”仍然基于信息不对称等，或与“混合所有制”中非公有制产权所有者，再次形成“内部人控制”和“道德风险”关系。其三，非公经济在国企中，无论从股份比例，或是政治资源等，都无法掌控国资，行政干预仍然无法避免，而行政干预过多是国企效率低效的一个公认的原因之一。

其实，国企诸多问题产生的根源在于国企没有充分的市场条件参与市场竞争，产权所有者缺位只是一种表现形式而已。应该客观地说，国企确实垄断了许多资源，但在完全市场竞争机制下经营这条起跑线上，是远远输于非公经济的，这也是国企先天性劣势，如：薪酬激励、管理层雇佣等无自主权。一个企业是否具有持久的活力，主要来源于企业成员的积极性、主动性，以及企业对外部环境和内部问题快速的应变能力、创新能力等，这恰恰是垄断的弊端，必须来源于市场竞争。

相反，一旦赋予国企完全竞争的市场条件，国资委将自己定位于类似非公有制经济“老板”的角色，从经理人团队、企业经营、监管等，全部置身于市场机制之中，很多时候就没有必要关心企业的细枝末节，更没有必要过多干预企业的微观层面。在这种情况下，无论产权是国家所有者，还是私人所有者都不重要了。应该说，我国目前国企所取得巨大成效，就是改革开放后对计划经济模式下的国企释放部分市场条件后所取得的，并不是产权制度改革。

因而，国企问题产生的真正原因并不是产权制度，而是内部、外部缺乏充分的市场竞争机制。改革必须从解除企业面临的各种政策性负担着手，并硬化成本控制、利润率等约束条件，不断进行制度创新，制定出一系列能反映企业经营能力的各种指标，国资委作为国企产权所有者，通过掌握企业经营的充分信息来实现对企业监督、掌控。这恐怕才是我国国企改革的真正方向。（本文发表于《广西日报》《财会信报》《中国商报》）

6. 央企改革需立足“增强企业活力”

央企改革浪潮再起。继中粮公布国有资本投资公司改革试点方案后，国资委日前宣布四家央企组建煤炭资产管理平台。此外，中国诚通正在发起设立国家国有企业结构调整基金；国家开发投资公司推动煤炭公司向矿产资源开发企业转型，未来 5 年将全部退出煤炭业务。分析人士认为，在国企改革和供给侧改革带动下，105 家央企的并购重组进程将加快。（《中国证券报》，2016 年 7 月 25 日）

据报道称，今年央企的户数有望降至 100 家以内，最终会缩减至 50 家左右。在习近平总书记“国企做大做强”的重要指示，以及供给侧改革大背景下，央企兼并重组对去产能、冗员多、效率低等方面有着不可替代的作用。但规模大小并不能完全等同于竞争力强大。因此，笔者认为，央企兼并重组不能只是简单的合并，央企改革还是要着力于增强企业内在活力、提高效率，才能在激烈的市场竞争环境中不断做大做强。

国企兼并重组之后规模的扩大，并不一定能带来企业实力或企业竞争力的增强，事实上我们曾在国企兼并重组上交过昂贵的学费。上一轮国企大规模以扩产能为特征的兼并重组集中发生在钢铁、煤炭等行业，并产生了渤海钢铁、东北特钢集团、武钢、宝钢等一大批“巨无霸”企业。所谓“强强联合”的结果是，内部各种激烈利益博弈导致竞争效率低效，渤海钢铁至今身背千亿债务，东北特钢近日深陷债务违约的旋涡。

企业成长理论可以梳理出各种不同的流派，但各个流派都有一个共同的观点，就是毫无另外地强调企业内在因素决定企业成长，企业做大做强的因素绝不是外在的资源，也不是垄断。恰恰相反，都将垄断视为弊端。主流企业成长理论甚至批评传统的“规模经济论”，单从物质资源的一定时点以及经济的、数量的纯生产角度来把握企业成长的思维，认为企业活力才是企业成长的源泉。还明确指出，真正限制企业扩张的因素来源企业内部。

纵观过去现在、观察国内国外，企业能否具有活力，主要取决于两点：第一，企业是否具有内在动力；第二，企业是否具有一个合适的行为空间。实际上，央企等国企表面上垄断了许多资源，但“成也萧何败也萧何”，又是其先天性劣势：一是在薪酬激励、管理层雇用等许多方面无自主权，在很大程度上削弱了企业的内在动力。二是正常的经营行为受到诸多的行政干预，同时还肩负着不少就业、GDP 增长等非企业经营性目标，很多行为决策不是按照市场条件自主作出的，但却又要在激烈的市场竞争环境中生存和发展，这多少有些强人所难了。

将时间回拨到改革开放之前，当时的国企因为全部“计划指令性”，因为极端而更具对比研究的价值，我们能够非常清楚地看到缺乏内在动力和缺乏行为空间的企业，是一种怎样糟糕的情况。20 世纪 80 年代初期，国企企业改革的抓手就是“增强活力”，如增加企业自主权、利润留成、承包制等，让国企焕发了勃勃生机，这恰恰是释放了部分企业内在动力和部分与市场条件符合的企业行为空间所取得的巨大成就。

2015年，我国国企改革的总体框架性文件——《中共中央、国务院关于深化国有企业改革的指导意见》中明确提出：“以提高国有资本效率、增强国有企业活力为中心”毫无疑问，不管什么时候重提企业活力，对央企等国企做大做强都具有新的时代意义。兼并重组只是国企改革的一种手段，最终还是要通过一系列改革，如所有权与经营权分离、构建现代企业制度、混合所有制、员工持股等，真正落到“增强活力”这一国企改革中心任务上来，才能够真正实现央企等国企的做大做强。（本文发表于《新京报》）

7. 中国制造企业向日本学习什么？

日本经济界和财界将于2015年11月，组建一个迄今为止最大规模的企业代表团访问中国，预计由近千家企业的总裁和主要经营者组成，将寻求与中国各行业企业的全面合作，推进两国经济的合作与发展。（中国日报网，2015年5月27日）

2016年年初，一篇《中国游客在日本疯抢马桶盖》的文章，触痛了国人的敏感神经，甚至引发了中南海的关注。日本制造企业的“精益管理、品质管理”有目共睹，甚至一些西方公司都拿日本制造企业作为“标杆”。因而，跨国抢购的背后，并不是简单的国人崇拜“洋货”，更多的是中国制造企业与日本制造企业的差距。此次，日本近千家企业到访中国，寻求与中国各行业企业全面合作，笔者认为，在与日本合作过程中，中国制造企业不仅仅是要与日本企业做生意，更应该俯身向日本企业学习。

实际上，中国企业界并不鲜谈向日本企业学习，例如日本四位“经营之神”：松下创始人松下幸之助、索尼创始人盛田昭夫、本田创始人本田宗一郎、京瓷创始人稻盛和夫，他们在中国都有着庞大的“粉丝团”。但如果只是对日本企业“精益制造”等方法论浅尝辄止，而不是研究其本质，将难逃鹦鹉学舌、邯郸学步之窘境。那么，中国制造企业究竟要向日本企业学习什么呢？

一是学习其基于专注、聚焦的持续学习与创新能力。日本工业产品在国际市场上有着很强的综合竞争力，自主创新能力是其根本保证。日本企业向来重视提高自己的创新能力，注重新产品的开发能力。在20世纪50年代，日本企业独立研发能力还十分薄弱，但他们非常注重利用各种机会进行创新。日本企业每引进一项技术，总要花费更多的精力和财力来消化、吸收，并以此为基础，研究开发出拥有自主知识产权的专利技术。有人曾经打比喻说，日本人每引进100美元的技术，要花200美元来学习、消化和创新，最终用创新的专利技术赚回300美元。

创新并非天马行空，必须持续专注与聚集，企业资源有限，尤其中小企业，必须把所有的力量、资源集中为一点。日本企业集中精力生产有限产品种类的东西，如汽车、眼镜、电子产品等，他们似乎永远只专注于某一个领域，始终在他们的行业里越做越深、越做越精、越做越大。而中国企业热衷于“多元化”，包括海尔、联想在内的著名企业，也搞投资、也做房地产，甚至还做保健品。

二是学习其基于消费者需求的品质管理。20世纪50年代，日本以更差的质量和更低的价格照抄西方的经营方法，当时，对于世界其他地域而言，“日本制造”意味着“垃圾”产品。后来，日本企业接受了质量领域大师戴明、朱兰等的思想，开始集中力量提高产品质量，超越了西方的经营方法，如今日本品牌已经成为了质量世界的代名词。

发人深省的是，中国游客在日本疯抢的马桶盖竟然是浙江杭州生产的，只是这个马桶盖是完全按照“日本标准”生产的。“日本标准”生产的汽车、电子产品，对产品技术和质量有着很高的要求，而且非常关注消费者的健康、安全与体验感受等需求。

三是学习其基于标准化、“规则”的准时制生产。一味地低成本并不是产生利润的唯一途径。有人说，真正让丰田汽车迅速崛起的不是省油，而是其“JUST IN TIME”（准时化生产）的管理经营思想。“JIT”指建立在力求消除一切浪费和不断提高生产率基础上的一种生产理念。它覆盖了从产品设计直到产成品发送一整套的生产活动。只要这些活动是出产一件最终产品所需要的，包括从原材料开始的各个在制品生产阶段，都必须向消除一切浪费、不断提高生产率的目标看齐。正是“JIT”，使得日本汽车成本大大降低，具有和美国汽车工业抗衡的资本和底气，并逐渐将美国汽车工业挤向竞争的外围区域，最终横扫全球。

在“规则”前面，中国人总是比日本人“聪明”，总可以找到规则的漏洞。而日本人不一样，他们只懂得死心塌地地遵照执行。曾经有一个流传较广的故事，说某名牌的日本汽车将所有零部件进口到中国组装，但质量总是差距很大，其原因是有些流程标准规定拧螺丝 8 下，日本人只会“傻傻”地执行，而中国工人就说，拧 7 下或 9 下有多大区别？

四是学习其基于企业文化的企业长寿秘诀。有调查数据显示，世界上持续存在 200 年以上的企业有 5586 家，让人惊叹的是其中半数以上的 3146 家集中在日本。其后是，德国 837 家，荷兰 222 家，法国 196 家。日本企业长寿的秘诀是有坚定不移的企业文化做支撑。如“丰田精神”等，很多日本著名企业他们都遵循着企业创始人的精神并传承至今。稻盛和夫先生的经营哲学集中到一点就是：“敬天爱人”“自利则生，利他则久”“君子散财，行之有道”这些话一直是他坚守的商业伦理观。中国大部分企业家似乎对赚钱有着很高的天赋。（本文发表于《企业观察报》）

8. 提升企业聚焦核心战略的“专注力”

2016年6月21日，《经济日报》以《迪士尼专注力的启示》为题，就上海迪士尼主题乐园开幕这一热点事件，以评论的形式探究了迪士尼近百年来源源不断发展动力来自于“专注力”，但迪士尼做动画、影视、主题公园等多个业务，文章实际上是指其坚持任何业务都要围绕核心战略来做，视角独具匠心，观点独特且新颖。同时，对于当前中国企业“什么赚钱就做什么”的浮躁，更具现实指导意义。

近年来，我国企业及企业家实在是太浮躁了，多元化做房地产、挖煤挖矿、做光伏等，似乎无所不能，不管是否相关、是否具备相关企业资源，什么赚钱就做什么。前两年温州等地一些企业倒闭、企业家跳楼，往往不是主业出问题，而是受早年投入的所谓赚钱的热门行业的拖累。在这样的背景下，我们重提如何提升企业核心战略的“专注力”，是值得每一个中国企业及企业家深思的话题。

首先，企业及企业家必须转变理念，要以“匠心精神”经营自己的企业。中国已经过了容易赚钱、赚快钱的时代，不可能靠一块地，盖个房子就能轻而易举地赚钱了。因此，企业及企业家要耐得住寂寞，更要经受得住各种诱惑，潜心构建自己企业的核心竞争力，才能赢得可持续发展动力。毫无疑问，不可模仿的核心竞争力不可能来自“朝三暮四”，浅尝辄止，必然来源于“专注力”，将自己的服务或产品做深做透做到极致。

其次，以消费者需求为驱动力，构建企业的核心战略。当前不是物质稀缺时代，不再是只要生产出来就有人消费了。企业要知道如何才能创造消费者愿意付钱购买的价值，而不是降价，更不是企业想卖什么。这样一来，就需要企业以外部需求为导向、以企业无形资产和有形资源为基础，围绕生产、销售、品牌、研发等打造自己的核心战略。

最后，多元化一定要基于自己企业能力，服务所制定的战略的核心，而不是盯着多元化所能带来的利润。不是说一定不能多元化，迪士尼就是一个紧紧围绕战略核心进行多个业务相关多元化获得成功的例子。迪士尼作为文化产业的一家企业，其专注力体现在生产优质的知识产权（IP），其间迪士尼还先后收购了皮克斯动画工作室、漫威漫画公司、卢卡斯影业等著名影视品牌公司，但这一切都是为了获得后续开发能力，服务于战略核心。而我国一些企业往往是为了追求利润，例如：在房地产热的时候，几乎每个知名企业、上市公司都涉足房地产开发，事实上房地产赚的钱并没有形成其竞争优势，反而消耗其企业管理人才等资源，甚至近两年来还成为其负担。（本文发表于《经济日报》）

9. 制造业竞争力如何“卫冕冠军”？

在2016年7月2日的中国信息化百人会“中国制造业竞争力研讨会”上，中国信息化百人会与德勤联合发布的报告显示，中国目前仍是最具竞争力的制造业国家，但美国和中国正在夺第一名，由于中国在人才、创新、能源政策、基础设施、法律环境方面表现皆不及美国，到2020年中国的位置或将由美国取代。（《21世纪经济报道》，2016年7月3日）

近年来，随着劳动力、原材料等国内要素价格不断攀升，一定程度上削弱了我国制造业竞争力，表现为制造业出口乏力、企业外迁东南亚地区等。与此同时，美国一系列制造业振兴战略，不断提升美国制造业竞争力，挑战我国制造业最具竞争力的地位。

制造业竞争力如何“卫冕冠军”？笔者认为，我们应该为制造业提供稳定的宏观经济政策、纠正要素价格扭曲、优化产业环境、强化技术创新与产业工人的培育等“获得性禀赋”的支撑力，从而激活制造业内生驱动力，不断提升我国制造业竞争力。

第一，需要优化货币政策、金融政策等宏观经济政策，为制造业构建稳定大环境。当下经济已经非工业化驱动的经济，货币政策、财政政策、金融政策等现代经济部门的公共政策，对经济的稳定起着至关重要的决定性作用，更是直接决定着制造业的竞争力。例如：美联储的加息与降息，不仅仅影响美国经济，甚至全球经济都随之动荡。因此，提升制造业恐怕不能仅仅盯着生产性部门的效率，央行、财政部、证监会、银监会等有关部门应及时根据国际、国内经济形势的变化，强化相关政策与制造业的联动关系。没有一个良好的、相对稳定的宏观经济环境，技术进步、产业竞争力都如倾巢之卵。

第二，需要纠正资源要素价格扭曲，为制造业构建新的成本优势。价格扭曲市场供需关系，已经严重制约我国制造业竞争力提升，银行、资本市场配置资源的扭曲，导致“融资难、融资贵”，制造业已经沦为银行的“打工仔”；水、电、油、气等资源性产品价格比价关系不合理，上下游之间价格传导不畅，如煤炭与电力价格、原油与成品油价格、工商业用电与居民用电、天然气与石油等，造成价格杠杆的逆向调节作用，既不利于优化能源结构，也不利于提高产业竞争力。如我国目前工业电价甚至超过美国、韩国、瑞典等发达国家，美国凭借低价能源促进制造业复苏和海外资本回流，降低了我国制造业的比较优势与国际竞争力。同时我们也要看到“硬币的另一面”，一些资源要素的价格没有体现环境成本、生态价值，导致企业陷入低价格、同质化恶性竞争，“贫困化增长”不利于我国制造业可持续发展。

第三，需要优化产业环境，为制造业构建良性竞争环境。产业经济学研究发现，产业环境对企业绩效等影响远远大于企业自身管理能力所带来的竞争优势。制造业内部企业是协同发展或是恶性竞争，直接决定产业内企业的生存和发展。例如：浙江、广东等地的产业链增强了我国制造业的竞争力；而在国际上进行价格倾轧，则恶化了我国制造业的竞争力。企业从竞争角度出发的“逐利行为”无可厚非，但产业政策、法律环境必须从全行业整体利益出发加以谋划、引导。

第四，需要强化“获得性禀赋”，为制造业构建新的比较优势。传统的“比较优势”理论过于强调“自然禀赋”（矿产、初级劳动力）在经济发展中的作用，实际上“获得性禀赋”（后天学习）愈发重要。例如战后日本的汽车、半导体等产业发展。一方面要加强对产业工人的培育培训，熟练的产业工人能使我国再次获得“高素质劳动力红利”。一方面要对科研创新、人才培育等机制创新，加强科学技术对制造业的支撑力。

我们应该看到，中国制造业还面临诸多管制、审批等多重制约，简直可以说是“打不死的小强”，表现出了顽强的生命力。十八大后，党中央、国务院大力推行简政放权、放管结合，从降税费、降成本等为制造业构建新的竞争力，我国制造业必将通过转型升级等迎来“凤凰涅槃”“鹰的再生”。(本文发表于《上海金融报》)

10. 国企改革亟须建立现代企业制度

全国国有企业改革座谈会2016年7月4日在京召开。中共中央总书记、国家主席、中央军委主席习近平作出重要指示，强调要坚定不移深化国有企业改革，着力创新体制机制，加快建立现代企业制度。（《佛山日报》，2016年7月5日）

笔者认为，虽然国企改革的路径、模式或因企业规模、行业等因素存在较大差异，但正如习近平总书记指出的，国企改革必须加快建立现代企业制度。

国企改革不能仅仅着眼于强化行政管控手段。此前，一些地方政府出台了国企改革方案，如优化国资布局、企业分类管理、任期契约管理制度、企业科技创新、激励约束机制等改革举措，只不过是一些强化行政管控手段而已。推进国企改革要奔着问题去，只有真正深化国企的改革，充分发挥市场资源配置的决定性作用，完善现代企业制度，才能有效激发国有企业的活力和创造力、竞争力，才能避免国有企业陷入新一轮困境风险和“春风吹又生”的贪腐风险。

从企业制度演变的过程和经济全球化趋势来看，现代企业制度是一种能适应现代社会化生产和市场经济体制要求的企业制度，是最科学、最有效、最能适应市场经济规律的企业制度，也是我国社会主义市场经济的基础。我国国企基本上建立了一套现代企业制度，但总体上还存在不完善、不规范、执行不严格等问题：一是法人治理结构不规范，如所有者缺位、“内部人控制”问题突出；内部制衡机制尚未有效形成。二是对国有企业实行行政化的管理模式，且管人管事管资产相结合，导致企业活力不足，难以适应国内外市场形势快速变化对企业快速决策的需求。根据国务院发展研究中心企业所的一项研究，截止到 2012 年，国资委共颁布各类规章文件 287 件，通过对其中 255 件进行梳理和归纳，发现这些规章文件与履行股东职责相关的仅占 31%，而其余的近 70%，都是与落实政府公共政策或企业内部事项相关的。

我们必须清醒地看到，国有企业毕竟是市场主体的经济体，与党政机关、事业单位有所不同。从企业属性出发，我们的国有企业最终还是要回到现代企业制度上，以适应市场化、国际化新形势，真正做到规范经营决策、提高企业效率、增强企业活力、承担社会责任。

行文结束之际，笔者想起了一个小故事：1894 年，伦敦城每条街道上堆积起来的马粪已经到了令人无法忍受的地步。伦敦城之所以会陷入可笑的马粪危机，正是因为当时的人们坚信：马匹一直是，并且将来也会是最重要的运输工具。可现实情况呢？到危机爆发那一年为止，内燃机已经存在了近 30 年；美国人广泛使用沥青铺设的路面已经整整 20 年。但在当时的科学家、政治家和城市规划者聚在一起应对马粪危机时，他们依旧相信人们必须忍受马粪的困扰，没有别的出路。在笔者看来，现代企业制度就像内燃机一样，已经就在我们身边，我们不能拒绝接纳改变，甚至无视它，危机或迫在眉睫。（本文发表于《中国劳动保障报》）

11. 最强大的企业文化是宽容

厦门大学博士生导师、我国著名财务专家毛付根教授谈到企业文化，他说了一个观点，宽容是企业文化中最强大的力量。

毛教授把宽容当成好企业文化判断标准之一，笔者十分认同。记得有一年中央电视台十大经济人物评选，柳传志当选的获奖感言中就有“包容”一词。当时，听到这句话时让我十分震撼。柳传志早年亲手把爱将孙宏斌送进监狱，却在他出狱后无偿送给50万元创业，成就了孙的顺驰，当然后来顺驰资金链断链卖给香港人，这是题外话。（孙宏斌现在又把融创中国做得风生水起——编者注）我想，把一个人送进监狱，失去自由，囚禁在一个铁笼子里，个中滋味是非常人能够忍受的，尤其是对孙宏斌这样一个驰骋天下的男人来说，其猛虎囚笼的五味杂陈只有他才能体会。我想，心存怨恨也是人之常情。柳传志无论是出于“爱才”（毕竟孙是人才，英雄相惜），还是其他的原因，送给孙50万元，这个举动体现了包容之心，事后，孙不但没有怨恨柳先生，反而时时感激他。这个就是宽容的巨大力量。

与之相反的例子，就是因为不够宽容而多出一个竞争对手。大家最为熟悉的例子，应该是赢在中国的合作伙伴、蒙牛的董事长牛根生。现在，人们通常会认为，蒙牛是伊利的前董事长郑俊怀“逼”出来的，笔者看了一本关于蒙牛的书，这个说法也是得到牛根生本人认可的。当时，郑俊怀几乎是把牛根生他们逼上绝路，逼着牛根生走到伊利的对立面。而牛根生是一个宽容的企业家，尽管郑对他几乎赶尽杀绝，但在郑入狱后他并没有落井下石。还有，今天的“步步高”是从哪里来的呢？也是段永平被当时的“小霸王”逼出来的，现在“步步高”过得好好的，而“小霸王”却早不见踪影了。最近有一家著名企业遇到危机，不管是什么原因，至少有一点，这个公司兄弟、舅舅先后分道扬镳，由以前的优秀企业变成现在十分糟糕的企业。

多宽容一些合作伙伴。全球最为著名的咨询巨头——麦肯锡公司，把每个曾经在麦肯锡公司工作的员工视为校友，而且每年拿出巨额费用维持相互之间的关系。据说，现在麦肯锡60%—70%的业务，是这些离职的员工带来的。上次，中南财经政法大学企业伦理学教授刘可风说，现代企业伦理已经由以前的相互对抗进入“可以协商”的时代，认为一切都是可以协商的。我赞同，对抗只能是两败俱伤，只有合作才能相互发展。（《企业文化》杂志，2010年01期）

12. 唐·舒尔茨：“中国制造必须插上品牌的翅膀”

2007年，笔者在美国西北大学访学期间，有幸聆听了全球著名的整合营销专家、有“全球整合营销之父”之称的唐·舒尔茨教授的讲课。唐·舒尔茨教授说，中国在以前的时间里“中国制造”取得了快速发展。但是目前“中国制造”在美国遭遇了一些问题，遇到了考验。他建议，要给中国制造插上品牌的翅膀，改变和改进人们对于“中国制造”的一些看法。

中国企业一定可以超越西方跨国公司

“我相信中国企业完全可以超越那些西方大型跨国公司，这是因为中国公司没有跨国公司沉重的历史包袱。但中国企业不应该简单模仿跨国公司的营销技巧，这样花销大、见效慢，无法打造出真正世界性的企业。中国企业应该通过跨越式发展，充分利用已有的优势，包括技术、分析能力还有物流方面的优势，开发可重复使用的流程和系统，从而管理国内营销活动和国际营销活动，创造誉满全球的成功。”唐·舒尔茨说。

唐·舒尔茨指出，在当今世界上，中国企业在生产制造、技术和分析领域上是一个领导者，然而，在营销和促销领域，中国企业却是一个“跟随者”，今天中国品牌建设所面临的最大挑战是，改变并且改善消费者和客户对于“中国制造”的印象。

唐·舒尔茨认为，现在营销活动在中国已经走到了关键的阶段，中国企业面临着两个方面的挑战：第一个是引进来的挑战，也就是中国企业必须调整自己的营销战略，才能与走进来的跨国企业一比高低，因为绝大多数的跨国公司都深信不疑，中国是一个非常有吸引力的、市场潜力非常大的地方；第二个是走出去的挑战，也就是中国只有熟练应用营销的技能，才能开拓海外市场，跻身世界商业舞台。不管面临哪一种挑战，中国公司都应该充分掌握营销技能，才能在国内、国外展开竞争。

唐·舒尔茨指出，西方跨国公司拥有多年的经验，训练有素的经理人员，久经考验的技术和方法，强大的、广为人知的品牌以及已经成形的分销系统，而中国公司可以使用的战略性的、可持续的、有竞争力的优势非常有限，生产效率难以提高，产品创新又具有不确定性，劳动力和社会投资的成本在不断升高，还有来自新地域如印度、南美等的竞争。

唐·舒尔茨建议：“中国公司应该把营销方法看作是‘科学’，而非‘艺术’，利用中国公司的技术和流程开发能力去建造营销科学能力：建造客户的数据和数据库、开发数据分析方法、使用财务模型、采用成熟的全球系统。”

唐·舒尔茨说：“未来世界必将是与建立强大的中国品牌息息相关

的，但是，中国公司必须在品牌建设方面力求‘超越’以取得成功，不是简单模仿跨国公司的营销模式，而是利用新兴的概念和更好的方法进行营销和促销，实行跨越式发展。”

唐·舒尔茨在“向历史学习”的章节部分，用事实给我们讲了“日本制造”到“日本品牌”的过程。他说，在20世纪50年代，日本以更差的质量和更低的价格照抄西方的经营方法，当时，对于世界其他地域而言，“日本制造”意味着“垃圾”产品。但是后来，日本企业接受了质量领域大师戴明、朱兰等的思想，开始集中力量提高产品质量，超越了西方的经营方法，集中精力生产有限产品种类的东西，如汽车、眼镜、电子产品等，如今日本品牌已经成为了质量世界的代名词。20年之后，很多西方公司拿日本企业当作“标杆”，试图在质量上赶上日本公司，但在许多情形下，依然没有取得成功。

唐·舒尔茨发问，中国公司能够如出一辙吗？他说，现在品牌已经不再是不选择的问题，已经成为公司成功的前提，这也是中国公司唯一可以获得竞争优势的可持久的策略。

中国企业四个创造“飞跃”的方法

唐·舒尔茨还讲授了中国企业四个创造“飞跃”的方法，其中就包括从供应链到需求链的转变，以外部需求为主的市场营销计划，和投资财务紧密结合的市场营销，建立品牌打造的技巧。

第一，从供应链到需求链的转变，也意味着公司焦点的转变。企业是从希望为之提供产品和服务的客户开始，而不是从希望提供的产品开始。他们要知道自己想要买什么，而不是自己想卖什么，要知道客户想知道哪些方面的信息，而不是只单方面给出信息就行了。最重要的，是要知道如何才能创造出人们愿付钱来购买的价值，而不单是降低价格。我请大家相信，市场关注的就是这些，公司追求的就是这些。如何才能让客户愿意出钱，帮助我们来实现这些价值？如果我们想赢得利润，我们必须知道拥有这些金钱的人就是我们的客户。我们应该做的，就是我们应该花更多时间来研究市场，研究他们将会、想要买什么，而不是我们要卖什么。

第二，以外部需求为主的市场营销计划。从我怎样才能为客户着想开始，而不是从我们想做什么开始。在今天市场上，统领依然是4P理论，这是我们今天还在使用的模式。而相比它产生时，这个市场和国家都发生了巨大变化，我们依然在使用50年前建立的营销和传播模式。即使是那些最为成熟的公司也很难很好地应用这个模式。这是美国市场营销协会对营销做的定义。这个定义当中暗含的就是4P的观点，后来一直到2004年美国市场营销协会才开始把消费者和客户的概念引入这个模式。在2004年，他们才认识到营销就是要产生价值，和客户交流，把价值提供给客户，从而能够提供公司和利益相关方的价值。当然如果要关注客户和价值，我们就需要一个新的模式。我一个合作伙伴和我一起创作的就是SIVA模式。我们来从客户的角度去考虑产品、价值、分销和促销。S是对客户问题的解决方案；I是信息，客户和潜在客户需要什么信息；V是价值，从我的产品和服务当中，客户能获得哪些价值；A是获取，客户怎样才能获得我的服务和相关价值。这个SIVA是一个以客户为导向的模式，它关注的是提供解决方案和信息。我们需要有关市场体系的新的理论，应该抛弃4P观点，转向SIVA理论。

第三，我们需要用一种财务的方式来看营销、传播和品牌。我在世界各地进行访问，见到了许多的公司成员、EMBA成员，我不停地听到四个重要问题：公司应该在市场营销上花多少投资？我们该采取怎样的市场营销活动？对它的投资我们期待多大的回报？这些回报在多长时间内实现？这是管理者希望从营销人员那里获得的信息。管理层感兴趣的并不是我们有多少广告。他们感兴趣的是既然给了你们钱，你们给了他们多少回报？实际上营销人员很少有能够回答这四个问题的。因为它不仅是营销的问题，它实际上是管理的问题。但也许我们可以有一个解决方案：营销应该是公司的投资，而不是开销。而今天营销被认为是成本和开销，我们必须改变这个观念，营销是投资，而且会带来回报，营销必须为投资产生必增的回报，我花出100块，得到的回报必须超出。另外我必须有财务模式来推动，这样我可以预测我短期或长期的回报。

第四，如果你想在以后超过西方公司，你必须学会建造品牌。品牌必须推动中国未来的商业，品牌就是营销者和顾客之间的纽带，而且为双方都带来价值。总而言之，我们的未来就在于是否能建立强有力的中国品牌。但我觉得要取得成功，中国公司必须找到如何在品牌上超越。传统品牌打造的方法太昂贵、太慢，失败风险太高，不适合中国运用。

相关链接

唐·舒尔茨：整合营销传播理论创始人，全球第一本整合营销传播专著的第一作者。该书于1997年在中国内地出版发行，对国内广告界、企业咨询界产生了重大影响。舒尔茨博士著作颇丰，其经典著作为《整合营销传播》。舒尔茨博士被全球权威的《销售和营销管理》杂志推举为“20世纪全球80位对销售和营销最有影响力的人物之一”。（本文发表于搜狐网）

13. 做企业要避免梁山伯式悲剧

“广东的企业家千万不要像梁山伯做事情，还没搞清楚是男是女，就爱得死去活来。”北大光华管理学院著名教授、博士生导师、畅销书《IP理论》作者王建国教授在广州为中南财经政法大学EMBA（高级管理人员工商管理硕士）的企业家讲授让他名声大噪的“六维管理”理论。

企业就是为了赚钱？为何不做鸦片？

王教授说，“六维管理”第一是文化管理。做正确的事情，有知识没文化，就是“知识越多越反动”。他打比方说，有人说企业就是为了赚钱，这是错误的。做鸦片也可以赚钱，为什么不能去做呢？开妓院也可以赚钱，为什么不能去做呢？说明这些钱你不能赚。为什么你不能赚？因为你认为是错的。

第二是信息管理。要做可靠的、精确的、真实的事情。他举例说，中国有一出很有名的剧叫《梁山伯与祝英台》，祝英台女扮男装，梁山伯不知道，等两个人的感情如胶似漆时才发现她是女的，结果一边不同意，就造成了悲剧。若从开始梁山伯就精准地知道祝英台是个女的，不是个男的，这个悲剧是不会发生的。所以，企业家作决策时如果信息错误会导致很大的灾难。

没有艺术，管理就是丑陋的

第三是知识管理。正确地做事，假设这件事情是对的，信息也是精确的、真实的，下边就是知识问题，这才叫作效率。第四是权变管理，变通地做事，不懂变通就会变僵化。当年学大寨，也是因为没有权变，结果在平原上也开梯田。第五是艺术管理。乡下农民养的鸡、鸭、猪、狗，原来是把鸡放到山里养，把鸭放到水里养，把猪放到猪圈里养，把狗放到外面随它去，所以很和谐。如果调一下，把狗放在猪圈里养，把猪像狗一样地放出去，把鸭子放到山里去养，鸡放到水里去养，就会鸡飞狗走。鸡也不生蛋了，鸭也不生蛋了，狗也不看家了，猪也不长肉了。那么，前者就是艺术管理，后者就是丑陋的。没有艺术，管理就是丑陋的。

王教授表示，前面讲的五个方面都要做好，必须相互协调整合，即第六方面整合管理。比如一只手能拿起 5 公斤，如果两只手可以拿起 15 公斤，这是协同做事的作用；如果一个 15 公斤的东西，任何一只手都拿不起，等于零，这是协同做事的重要性。

回应质疑：把布裁成一件衣服不是原创吗?

有企业家质疑说，其实所谓的六维管理中的文化管理、信息管理、知识管理、权变管理、艺术管理、整合管理，没有一个不是以前都有的，为何成为自己的原创呢?

王建国教授的回答是，以前的确是在不同的书中都有提到过，但好比是一块布，我是裁缝，通过我把它们裁成一件非常漂亮的衣服，难道不是一种创造吗?

14. 把企业做成低成本的“皮包公司”

企业要尽量减少自己公司的固定成本，主要通过外包，用可变成本替代固定成本，提高无形资产比重，把公司做成低成本的“皮包公司”，这是中国社会科学院研究生院教授、博士生导师、中国工业经济杂志社社长李海舰在广州为中南财经政法大学 EMBA 广州第 6 班企业家学员解读新企业观时提出的观点。

李海舰教授说，我这里说的“皮包公司”不是传统意义上骗人的皮包公司，而是指的是“轻资产”公司，学术上的名称是“虚拟企业”。

越来越多的大企业出现“空壳化”现象

李海舰教授说，过去“企业办社会”，现在转向“社会办企业”。企业只需控制自己的具有核心竞争力的业务模块，其他都可外包完成。这样，越来越多的大企业出现“空壳化”现象，即专门从事“链接”业务。

据统计，在经济发达国家，大型企业无形资产和有形资产的比例，1980年是1∶1，到了2000年，这个比例上升为4∶1，即无形资产占了80%。从21世纪初起，企业进入了“零物质”时代。从世界范围看，越来越多的大企业开始最大限度摆脱有形资产负担。这是因为，有形资产越多，企业盈利能力越低。鉴此，一些大型企业开始没有工厂、没有员工，即实行“无工厂、零生产”的模式。

公司生产线不再是公司增产的“瓶颈”

李海舰教授认为，以前，公司的固定资产决定自己的边界，有多少生产线就做多大的事情。现在，公司生产线不再是公司增产的“瓶颈”。企业把非核心业务模块寻找合作伙伴完成，只需要自己将核心能力无限次地重复使用。无边界企业可以分为两种：一是有实体的无边界企业；一是无实体的无边界企业。

有实体的无边界企业是指有部分有形资产，一部分外包。无实体的无边界企业是指那些几乎没有有形资产，实现了“零物质”的企业。这种企业虽然不再拥有有形资产，但有着雄厚的无形资产，从而拥有更强的核心能力。

“皮包公司”是企业发展的最高形态

李海舰教授认为，无实体的无边界企业的最高形式就是“皮包公司”。从具体形式上看，可有以下几种类型：一是媒介型“皮包公司”，如第四方物流，没有任何仓储设施和运输能力，仅仅通过信息平台将供方和需方匹配起来，赚取利润。二是接单型“皮包公司”，通常在大城市或者特大城市与若干同类公司合租一套公寓，专门从事接单、转包业务。一张桌子就是一个公司，牌子都大得很，实际上只有一两个人。三是集成型“皮包公司”，这类公司不是制造商品而是制造网络，通过整合各种支离破碎的资源，最终为客户集成一个“总体解决方案”，亦称“系统集成”。四是营商型“皮包公司”，这类公司全球运作，全球销售网络比总部员工还要多，而在下面的销售网络中，没有一个真正属于自己的员工，即无员工的销售商。对总部企业来讲，越空越好，如果能够摆脱有形资产的束缚，实现了“零物质”的境界，公司就会进入利润快速增长的阶段。（本文发表于《广州日报》）

15. 企业最重要的不是品牌，而是顾客资产

“一个企业什么最重要？人力资源专家会说是企业的人力人才最重要，技术专家说是独一无二的核心技术最重要，企业文化专家会说企业文化最重要，可能也有的人说是品牌最重要。但是今天，我要说的是他们都错了。对于一个企业来说，顾客资产才是最重要的，因为他能给企业带来持续稳定的利润回报，一个公司所维系的忠诚客户数量和质量就是这个企业的无形战略资产。”武汉大学经济与管理学院汪涛教授在给中南财经政法大学 EMBA（高级管理人员工商管理硕士）浙江班的学员讲授《战略性市场营销管理》时讲授的观点。他表示，我们之所以说顾客最重要，原因在于顾客能给企业带来四重价值，即购买价值、口碑价值、知识价值、交易价值。

企业最重要的不是品牌、技术、人才而是顾客资产

汪教授说，一个企业什么最重要，不同的部门会有不同的看法。人力资源专家会说是企业的人力人才最重要，技术专家可能说是独一无二的核心技术最重要，企业文化专家会说企业文化最重要，可能也有的人说是品牌最重要。我们不否认他们的重要性，但我们要明白这些人才和技术、品牌都是为达到从顾客那里获得利润的工具，一个公司可以通过

人才或技术来获得利润，但是利润的来源是顾客。工具是不能替代目标的，真正的目标是在顾客那里。

也许很多人认为是品牌，可能你的品牌溢价能高达几百个亿，但是离开了顾客群体，品牌也会变成废纸一张的。比如你红塔品牌很有名气，假设把红塔牌香烟拿到冰岛去试试，那里的烟民会认可你红塔牌香烟吗？真正认可红塔这一品牌的是中国烟民，这些顾客才是维系品牌生存的重要基础。所有的品牌都是有固定区域的顾客群体的，只有针对这一顾客群体它才会有品牌效应的体现。就品牌谈品牌是毫无意义的。

顾客的购买价值——仅是个人或多次购买

我们平常看到的最表面的顾客购买产品，顾客的这种购买行为对你产品利润的贡献就体现了顾客的购买价值。而且，如果客户对我的产品满意，他就会反复购买，他给我带来的是多次购买，渐渐就带来了终身购买价值。我们发现很多公司花大力气去开发新客户，却丢失了原本可以只花少量人力和物力就能维系的老客户，结果捡了芝麻丢了西瓜。

顾客的口碑价值——带动周围的人购买

一个客户对一个产品满意他会对三到五个人说他的满意态度，一个顾客不满意，他会对十一到十三个人说他的不满意。有个中南财经政法大学 EMBA07 级浙江班学员，是民营中学的校长，他们学校有一个很有意思的做法，那就是，每个学期考试成绩出来后，学校要求老师要给每个学生写学期评语，这个评语要求很多，它必须是手写的且偏向于认可鼓励孩子的一面来写，然后寄出去。这些很多学校可能都做了，但是这个学校与其他学校不同的是，这个学校把学生的成绩单寄给学生的母亲，而且邮寄到她单位去，而不是邮寄到学生家里或爸爸的单位。这样一来，女家长看到自己孩子在学校出色的表现肯定就非常高兴啊，一高兴就把这个学校多么多么好，给夸奖出来了，这样女家长所在的单位同事的孩子就很可能到这个学校去读书了，这就是口碑的力量。这样的客户给企业带来的就是口碑的传播价值。口碑相传，他是个信息传播工具，口碑和广告有不同优势。对于新产品来说广告更有效，对于老产品的话口碑价值更为有效。

顾客的知识价值——帮助企业产品升级

你的忠实客户不光是能购买你的产品，还能为你做广告口碑相传，更重要的是他还能给你反馈信息，说出他们在使用产品后的感受，通过交流，你可能从顾客的话语中得到很多的启示或是发现产品的不足，比如产品操作烦琐、费时、费劲等方面的信息，以改进产品，提高产品和服务质量。

顾客的交易价值——无限挖掘

可能很多人都难以想象，顾客还有交易价值。交易价值分两种，一是对内的，产品间的或向上的交易价值，比如顾客可能一开始只对你的一种产品很忠诚有好感，但后来渐渐地对你公司所生产的其他产品也有了喜好，在国内做得比较成功的就是海尔，海尔一开始只在冰箱方面很有优势，到后来渐渐地发展到其他电器，如空调、彩电、洗衣机、电脑等产品，渐渐地海尔的忠实客户对这些产品也产生喜好，这就是交易价值的体现。向上的交易价值，指产品的升级换代带来的价值，如微软推陈出新，不断推出新的型号的操作系统和配套的软件，这使得用户不断地跟随它的脚步使用，不断地购买微软的新产品。

所谓对外交易价值是指与有共同目标客户的特定企业结成战略联盟

而产生的额外价值。怎么理解呢？比如房地产行业，房地产商除了出卖房子，还可以和一些装潢公司、电信运营商、保险公司一起来共享开拓业主的其余方面的消费空间。

所以说，一个企业最重要的是顾客价值，有了顾客并不断地挖掘顾客的潜在价值或深层次价值。一个好的顾客他不仅可以自己带给你购买价值，还可以发动周围的人来对企业产生购买价值，还能帮助企业产品升级来带动更多的消费者购买企业的产品产生价值，最后他还能给企业带来更大的交易价值，这就是顾客的价值，它将会给企业带来源源不断的财富。

附 录

1. 读书生活引领人生航船

“吾家世守农桑业，一挂朝衣即力耕。汝但从师劝学问，不须念我叱牛声。”偶读宋人陆游的这首诗，回想起自己的读书经历，感触颇深。

我出生于湖南省永州市一个农村贫困家庭，小时候父亲卧病在床，整个家靠母亲惨淡经营做手工面的小本生意支撑。瘦弱的母亲挑着上百斤面，在酷暑里、寒风中走村串巷的画面，自幼年时就深深烙在我脑海。正因如此，入学后，我内心一直有个单纯的梦想：好好读书，出人头地，为家庭争光。那时，我不仅认真地学习课本知识，更是经常到处借书读，如饥似渴地从书本中汲取知识营养。

正是凭着一股苦读的劲头，我的学习成绩一直名列前茅，后来更成了那个偏僻小村的第一个硕士、博士、博士后。博士毕业适逢崇左市委、市政府引进高层次人才，到广西工作至今。回顾多年的求学、工作历程，我常常想，若非多年的坚持读书，我如今恐怕还在“守农叱牛”。知识改变命运，此言非虚。

尽管如今工作生活比较稳定，但多读书的念想从未淡化。随着年龄的增长和阅历的增加，尤其是走上领导岗位之后，我愈发感到，读书的功效不仅在于改变一个人的物质化命运，更在于提升思想境界，而后者给人的获得感、成就感更多。正如作家三毛所说，读书多了，容颜自然改变，许多时候，自己可能以为许多看过的书籍都成过眼烟云，不复记忆，其实它们仍是潜在气质里、在谈吐上、在胸襟里，当然也可能显露在生活和文字中。

近些年来，领导干部读书问题屡受关注。一项干部阅读状况调查显示：七成多的党政干部每周用于读书的时间在6小时以下，甚至更少；五成多受访者表示每年的阅读量不足6本。不读书的典型也颇多。有媒体曾报道，广东省纪委办案人员搜查深圳原市委常委、政法委书记蒋尊玉住所时发现，“偌大的豪宅里却遍寻不见一本书”，其书柜里摆放的并非图书，而是名贵烟酒、玉器、字画等。荒废了读书学习，抛弃了党性修养，心智就会紊乱，思想就会抛锚，人生的航行方向就会偏离轨道。

对领导干部来说，书籍的给养如空气般不可或缺，不读书，不仅会落伍、能力不足，还容易犯错误。进言之，读书并不仅仅是领导干部的生活私事，而是事关其人品、官德乃至世界观、人生观、价值观、权力观等的大事、要事。不少落马的领导干部在反思中都会提到“放松了学习”，这并非全是托辞。在日常工作中，近酒桌而远书桌，往往是思想滑坡的开始。正因如此，习近平同志才会在多个场合反复强调，领导干部要加强读书学习，要爱读书、读好书、善读书。多用一些时间静心读书、静心思考，才能“加快知识更新、优化知识结构，使自己任何时候才不枯、智不竭”。

“书籍是造就灵魂的工具”。把读书作为一种生活方式，滋养精神生命，才能让我们人生的航船从狭隘的地方，驶向无限广阔的海洋。（本文发表于《人民日报》）

2. 梦想永远潜伏在心底

苏格拉底曾说，世界上最快乐的事，莫过于为梦想而奋斗。

我出生于湖南省永州市一个农村贫困家庭，记得童年时期的房子，风大一点就担心会倒下来。父亲常年卧病在床，母亲做手工面出去换小麦，再拿换来的小麦做面，惨淡经营着小本生意，支撑着整个家；我至今忘不了瘦弱的母亲像男人一样，挑着上百斤的面，在酷暑里、寒风中走村串巷。

童年的梦想很单纯，好好学习，为家庭争光。为此，我很少和同学一起到处嬉戏，更多的时候都是独自一人静心看书、做作业，我成了这个偏僻小村的第一个硕士研究生和博士研究生。记得上大学的时候，父母给我买了一双新解放鞋，其时同学们都已穿上皮鞋或漂亮的运动鞋了。那些穿解放鞋的日子，我没少遭同学笑话。大学期间，我没有看过一场付钱电影，生活费是班上最少的。寂寞中，我学会了写作，这不但不花钱，还能赚稿费。

大学毕业的时候，医学生找工作已经很难了。几经碰壁后，我本想在县里开个诊所，但终因资金、人脉关系等匮乏而搁浅。后来，我索性只身去南方人才市场“试水”。令人庆幸的是，凭借着自己的真才实学和大学期间发表的新闻、散文等，我获得了第一份工作——广东省司法警察医院做外科医生。

我很珍惜这个有些清苦的工作，除了正常值班，我还主动帮两个主任值夜班。主任医师都特别愿意教我，上手术台动手的机会很多。加之我真诚对待病人，口碑渐渐立了起来。至今我仍特别怀念那段艰苦而充实的时光，它让我更加明白一个道理：付出终有收获。

在此期间，单位经常交给我一些文字工作，我开始对记者这个职业越来越感兴趣。后来广州一家报社改版招聘记者，条件苛刻，且前三个月试用期工资仅仅1500元，我放弃了已近万元薪水的稳定工作，毅然朝着自己的记者梦走去。作为跑医疗卫生口的记者，我在一线报道了2003年非典，并出版了《誓言无声——广东省抗击非典最前线医务人员实录》。4年高强度的记者生涯，感觉自己被掏空了，能力、学识遭遇了"天花板"，我又开始做起读书梦。我再次辞职，拿着多年来积累下来的一点家当第二次走进校园。在读硕博期间，我始终坚持写作，先后在人民出版社等非自费出版个人著作多本。

博士毕业又面临一个十字路口，那时虽然已经与广东一个副处级岗位达成聘用意向，经历丰富的我在北上广还可以有更多的选择，但是在我看来，青春之所以美好，就在于有梦想有激情，沉溺安逸、急功近利、鼠目寸光，只会让青春暗淡无光，最终一事无成。适逢广西崇左市面向全国公开引进一批急需紧缺的高层次人才，我欣然应征。很多朋友对我的决定十分不解，但梦想这东西很奇怪，一旦认准了，俨然可以不顾一切。

通过层层考核，2016年1月我如愿到广西崇左市报到。工作几个月以来，我感受到了崇左"风景这边独好"。这里没有高楼大厦的富丽堂皇，却有在一线真正施展个人能力的广阔舞台；这里没有地铁城轨的便捷繁荣，却有将所学知识服务于现实的成就感……"纸上得来终觉浅，绝知此事要躬行。"当年空谈的理想，变成了现在的踏踏实实地把事情做好；当年的纸上谈兵，变成了用双脚丈量大地，在纷繁复杂的实际问题中增长才干。根深才能叶茂，只有深深扎根大地，深入到火热的实践一线，才能获取无穷的成长力量。

林语堂说，梦想无论怎样模糊，总潜伏在我们心底，使我们的心境永远得不到宁静，直到这些梦想成为事实。多少年来，我的心境似乎从未有过宁静——一个梦想成为事实，另一个梦想又很快萦绕脑海。而正是这些梦想，让我的内心踏实而向上。（本文发表于《人民日报》）

3. 梦想安放的地方，就是故乡

记得曾听谁说过，在一个地方居住生活满三年，即可称第二故乡。在这个意义上说，故乡于我而言不仅仅是籍贯、出生地——湖南，我在广州生活了近15年，在杭州打拼8年，在武汉求学3年，我有好几个第二故乡。

15年前，携带父母200多元血汗钱，怀揣着对广东遍地黄金的憧憬坐上了南下广州的客运大巴，大巴里空气混浊不堪，超载得像运猪的货车似的。我坐在大巴的走道上，当时湖南到广东都在修路，泥泞不堪，今天七个小时的路当年要颠簸、堵车超过二十多个小时。大巴也非现在的空调车那么舒适，记忆中，大巴车前面大挡风玻璃破损后继续用纽扣铁丝固定，途中颠簸实在是不行了，一块碎玻璃片在司机的大腿上划开了一道口子，至今记忆犹新。晃荡着抵达广东，身体几乎散架，但冷酷的现实并没有让我的梦想散架，历经各种困难，最终在广州立足。

2004年底，我来到举目无亲的杭州。最为艰难的是第一年，为了省钱做事，春节没有回家过年。除夕之夜万家团圆，而我孤守陋室百感交集潸然泪下。当然，那一刻倒不是因为生活穷困潦倒所致，只因梦想一时无处安放。后来，机缘巧合建立中南财经政法大学EMBA浙江教学点，至今招收500多名学生，不乏著名商人、上市公司老板、银行家，引以为豪的不仅仅是可以称雄全国同行的业绩，更是留下了学生的高满意度，很多商界精英成为良师挚友。

在异地他乡打拼了十几年，一直在残酷剥削自己，解决了基本生存需要，本想静下来过点慢生活。但去年，我博士研究生毕业，在导师指引下，再次踏上一段全新的征程，通过各种考核，到广西崇左市工作，从最普通的科员做起。这对我而言，又是一个新的挑战。再次背井离乡，当然有落差、有更多的实际困难，但这里的领导和同事都热情、包容，我渐渐也找到了故乡的感觉。

前段时间，与好友聊天，他建议我开始一种新的城市人生活，摒弃此前“没有伞的孩子就拼命地奔跑”的人生定位，现在的我也算“功成名就”了，没有必要还是苦孩子的样子，过些“娱乐”生活。哀莫大于心死，其实有梦想的人在追逐自己的梦想的过程中永远不会觉得苦，再大的苦都会被实现价值后的满足所淹没。

梦想不是挂在嘴上的宣言书，而是埋在心中永不停息的冲动，我在参加央视《赢在中国》节目比赛时，新东方俞敏洪老师说看不见我身上的激情，我说，我的激情是看不见的梦想，躯体不会永不疲倦，情感也不会不被苦、酸、委屈等不良因素侵袭，只有永远向前的梦想让我坚持。

经常看到乡愁的文章，或许是我出来时间久了，渐渐地没有了乡愁。在我看来，梦想安放的地方，就是故乡。（本文发表于《羊城晚报》）

The end